_____

_____

_____

_____

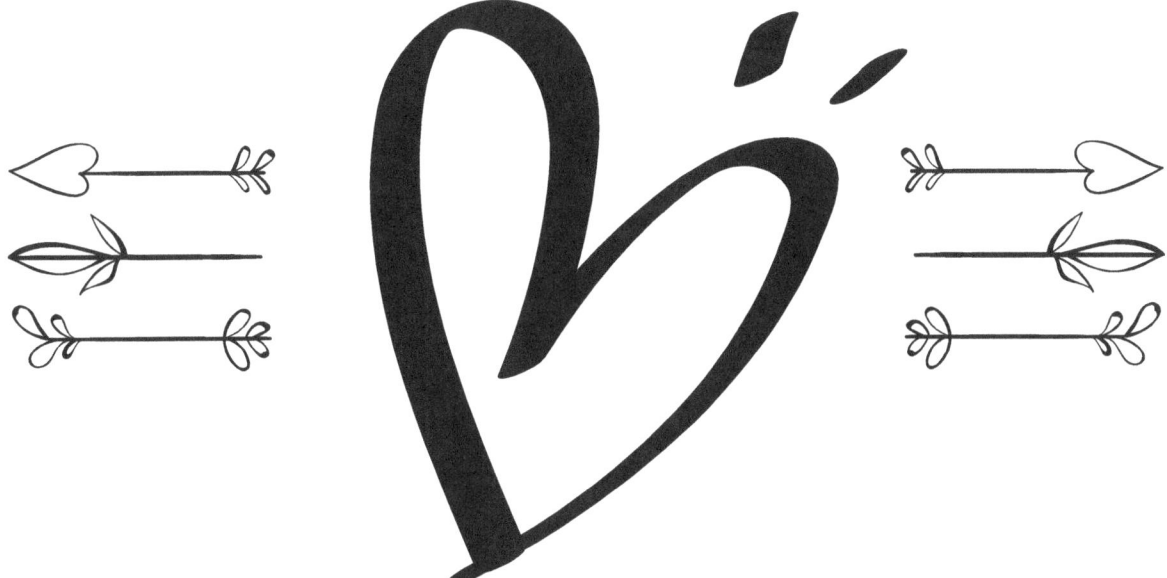

Questo Libro

Appartient à

_____ _____

_____

_____

ARCOBALENO LIBRO DA COLORARE

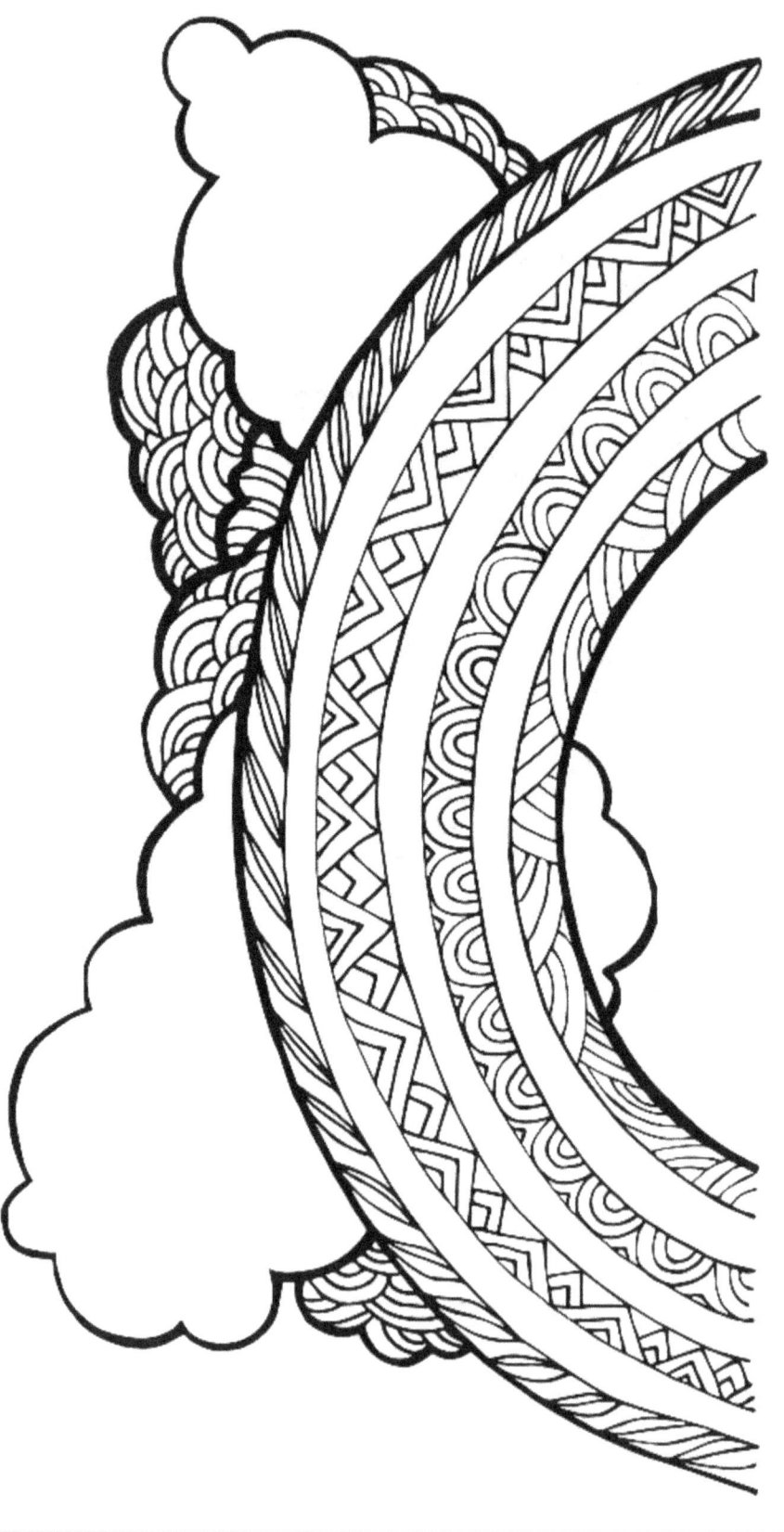

ARCOBALENO LIBRO DA COLORARE

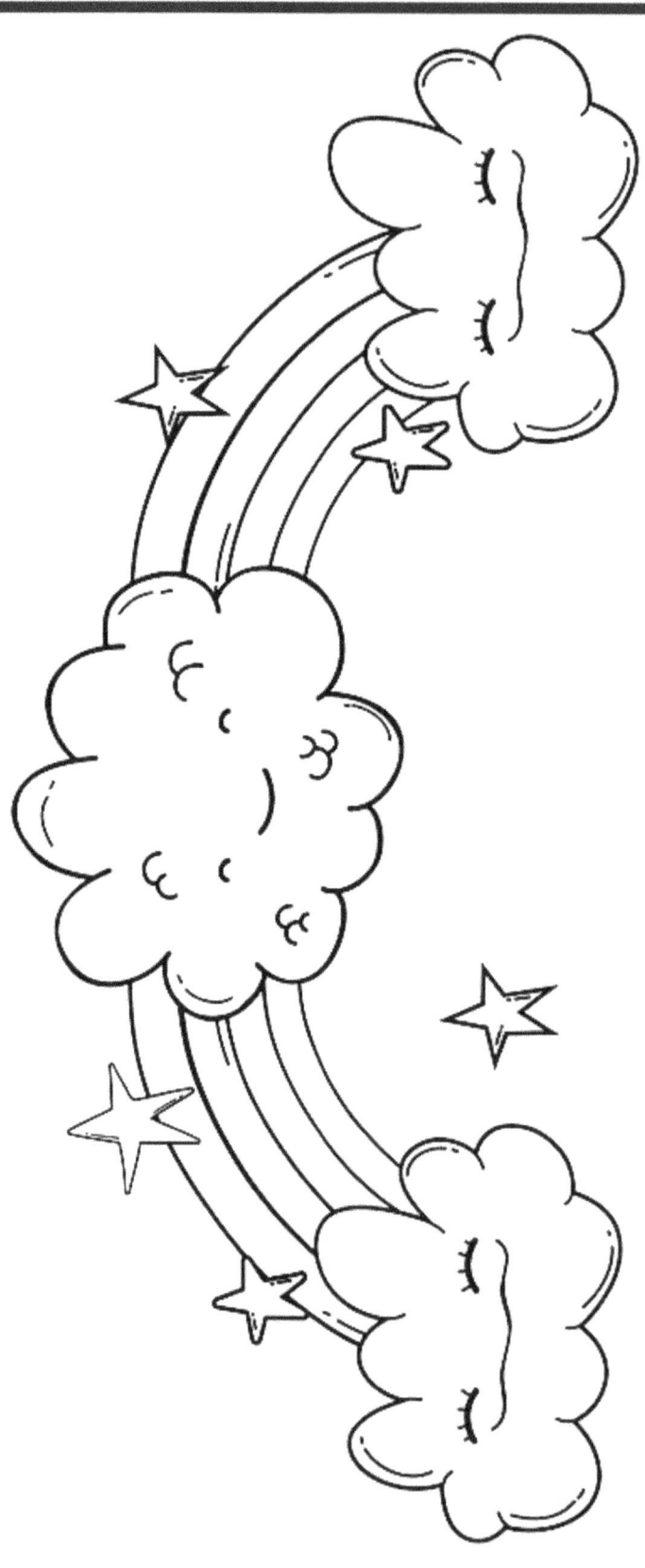

ARCOBALENO LIBRO DA COLORARE

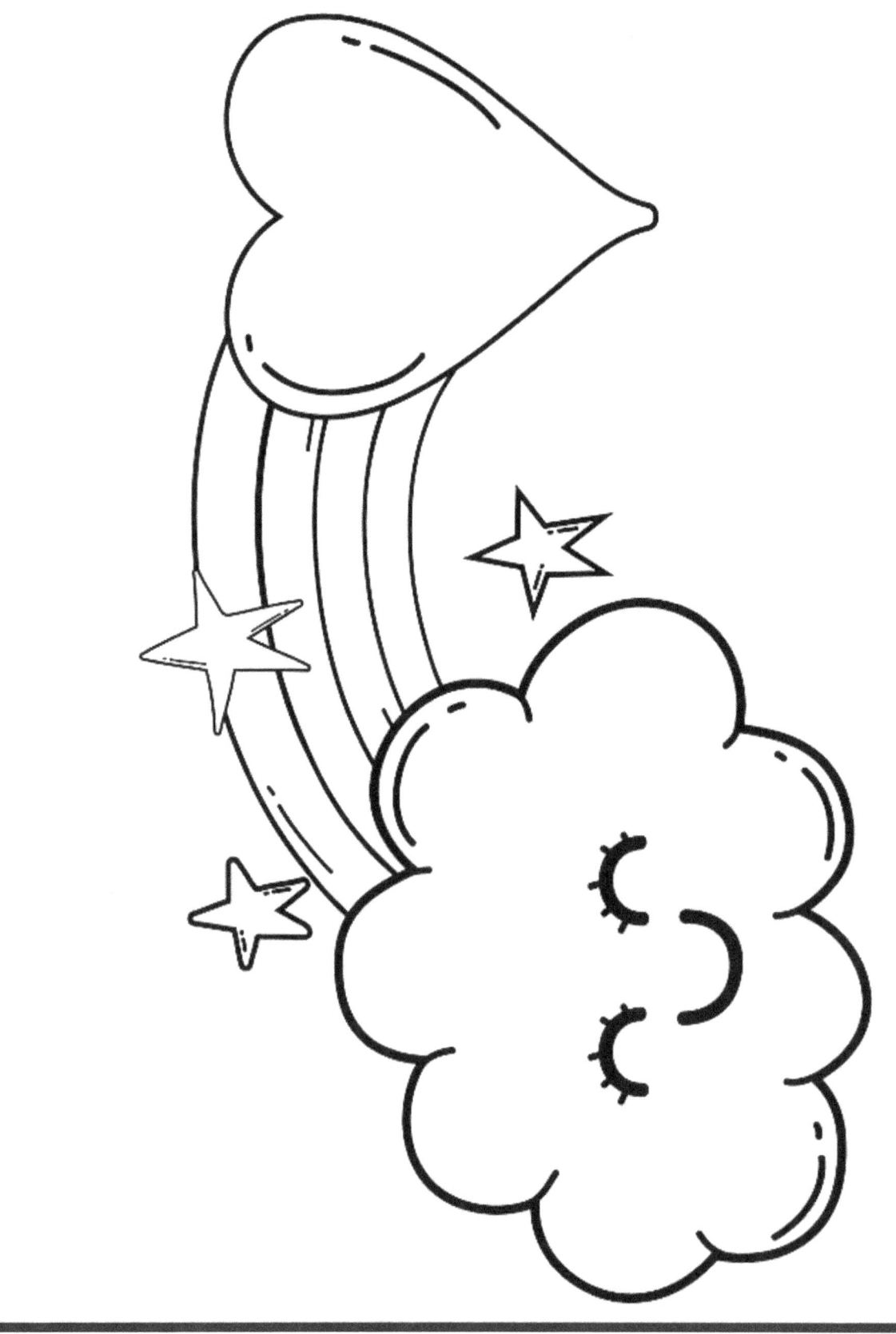

ARCOBALENO LIBRO DA COLORARE

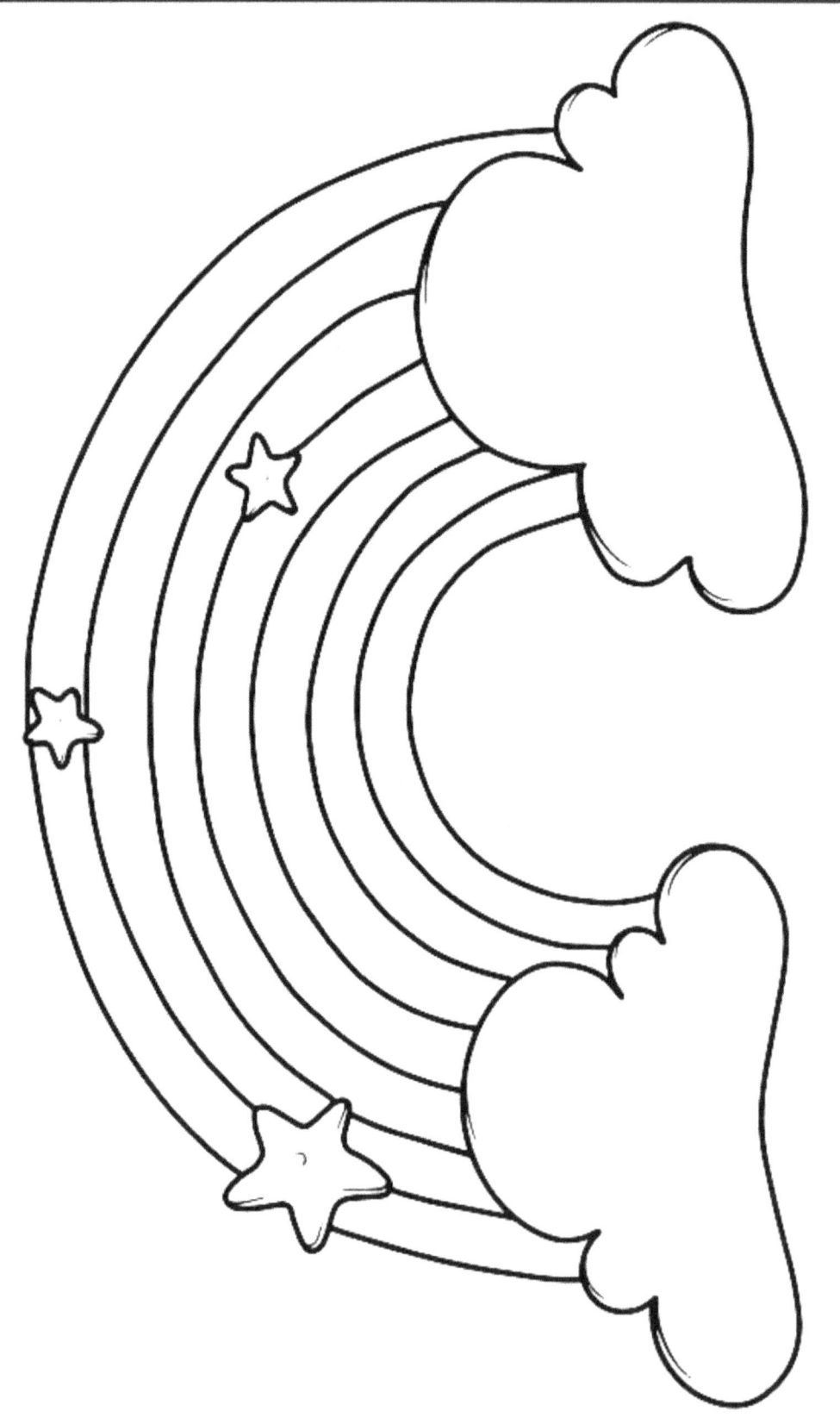

ARCOBALENO LIBRO DA COLORARE

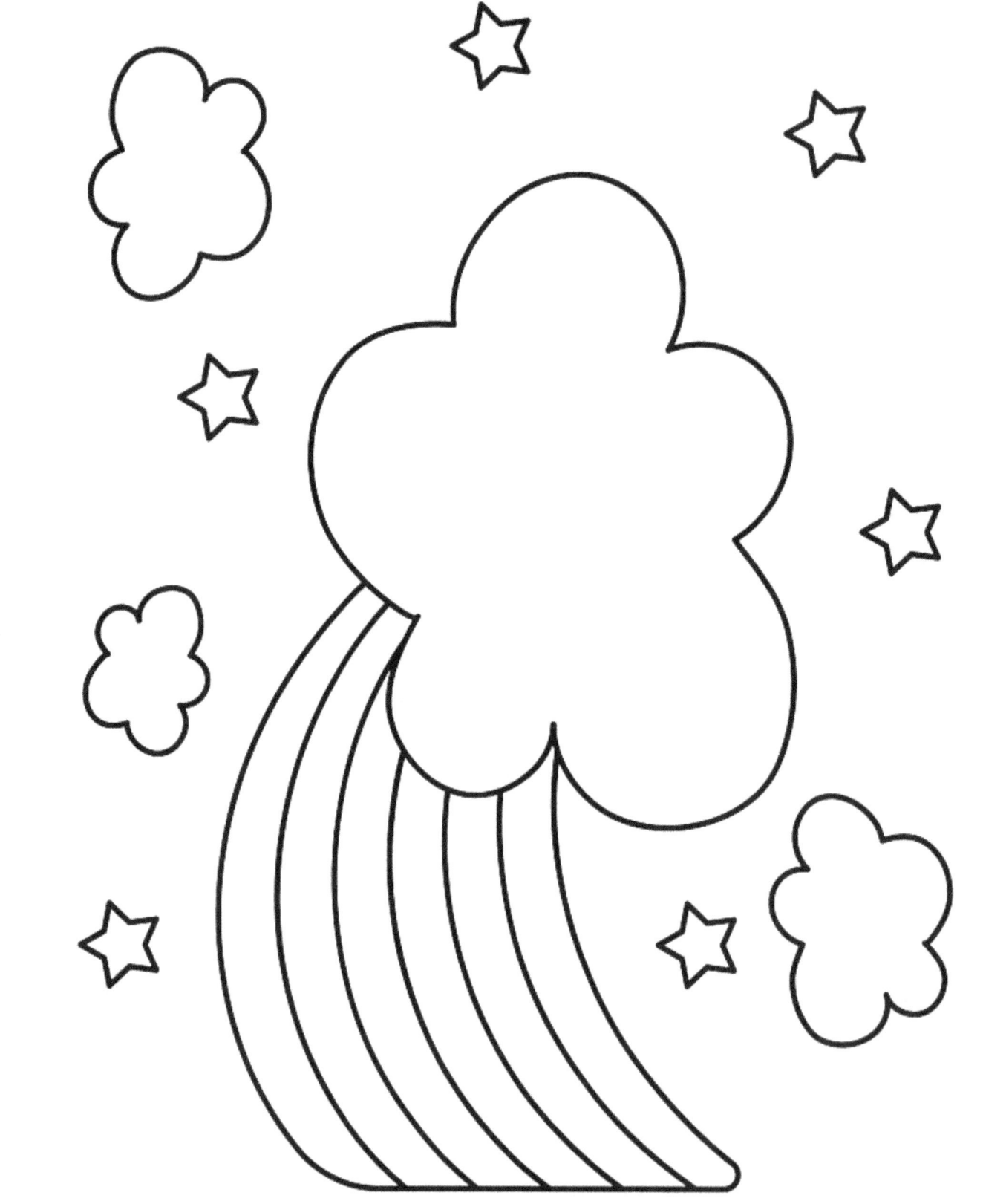

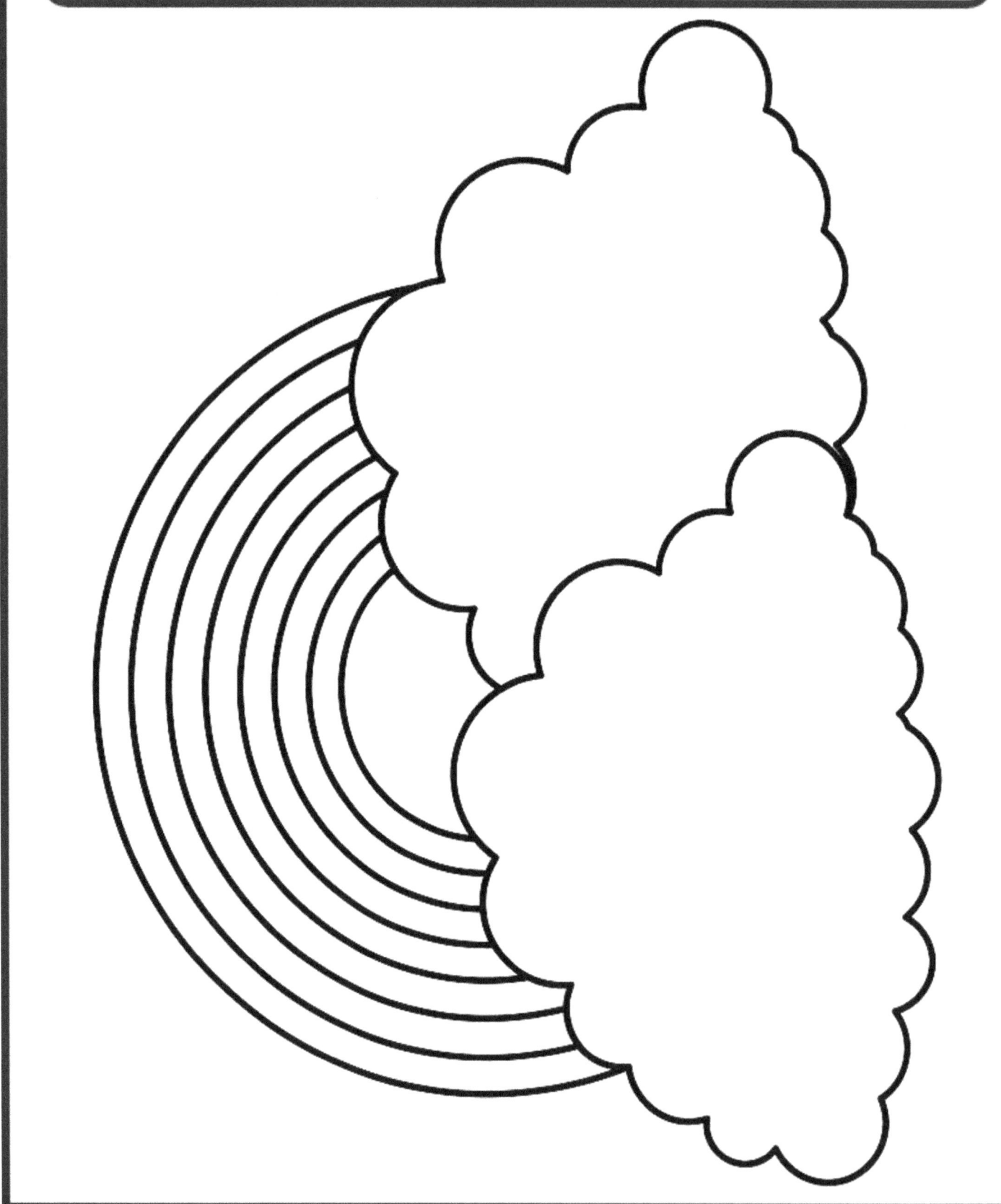

ARCOBALENO LIBRO DA COLORARE

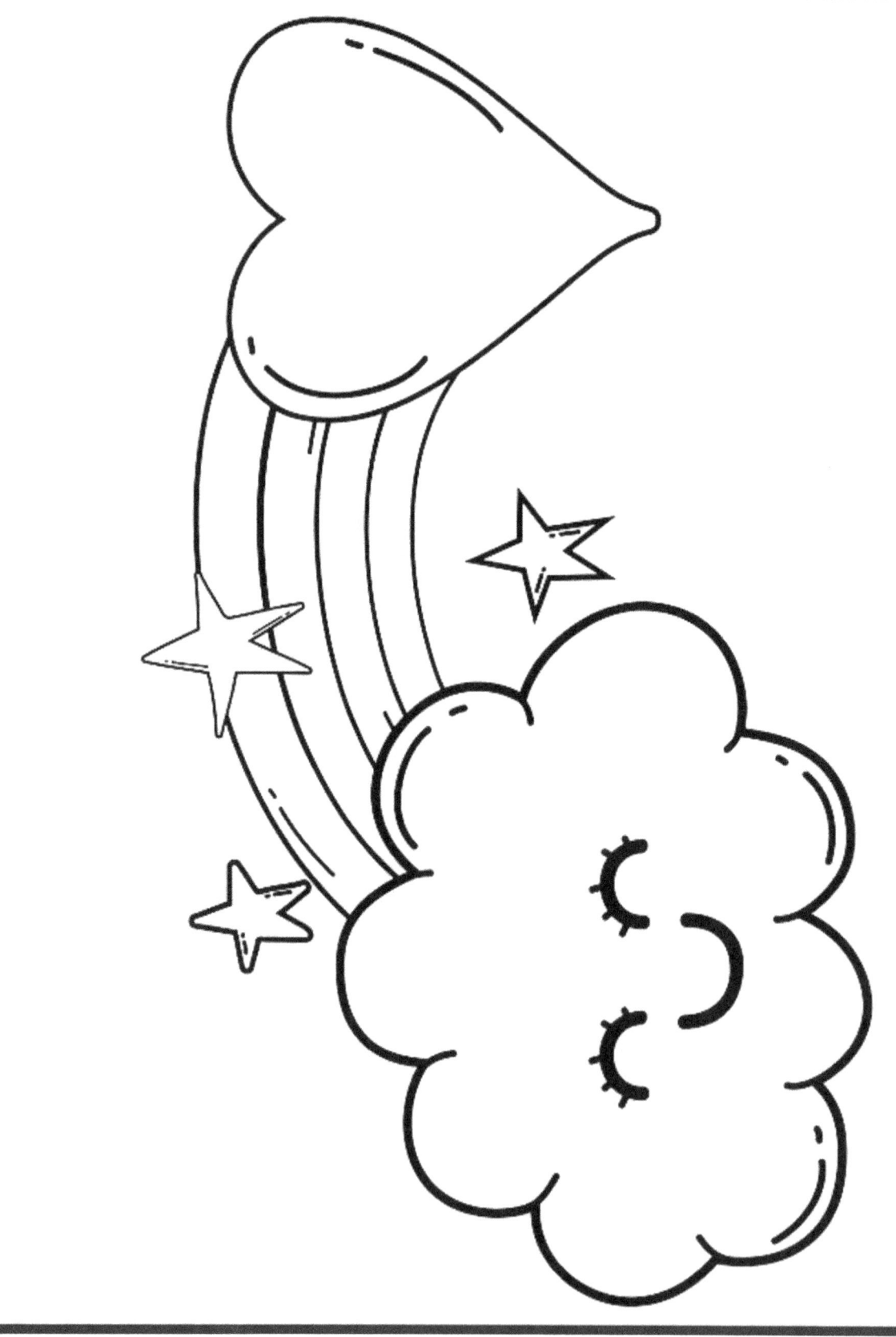

ARCOBALENO LIBRO DA COLORARE

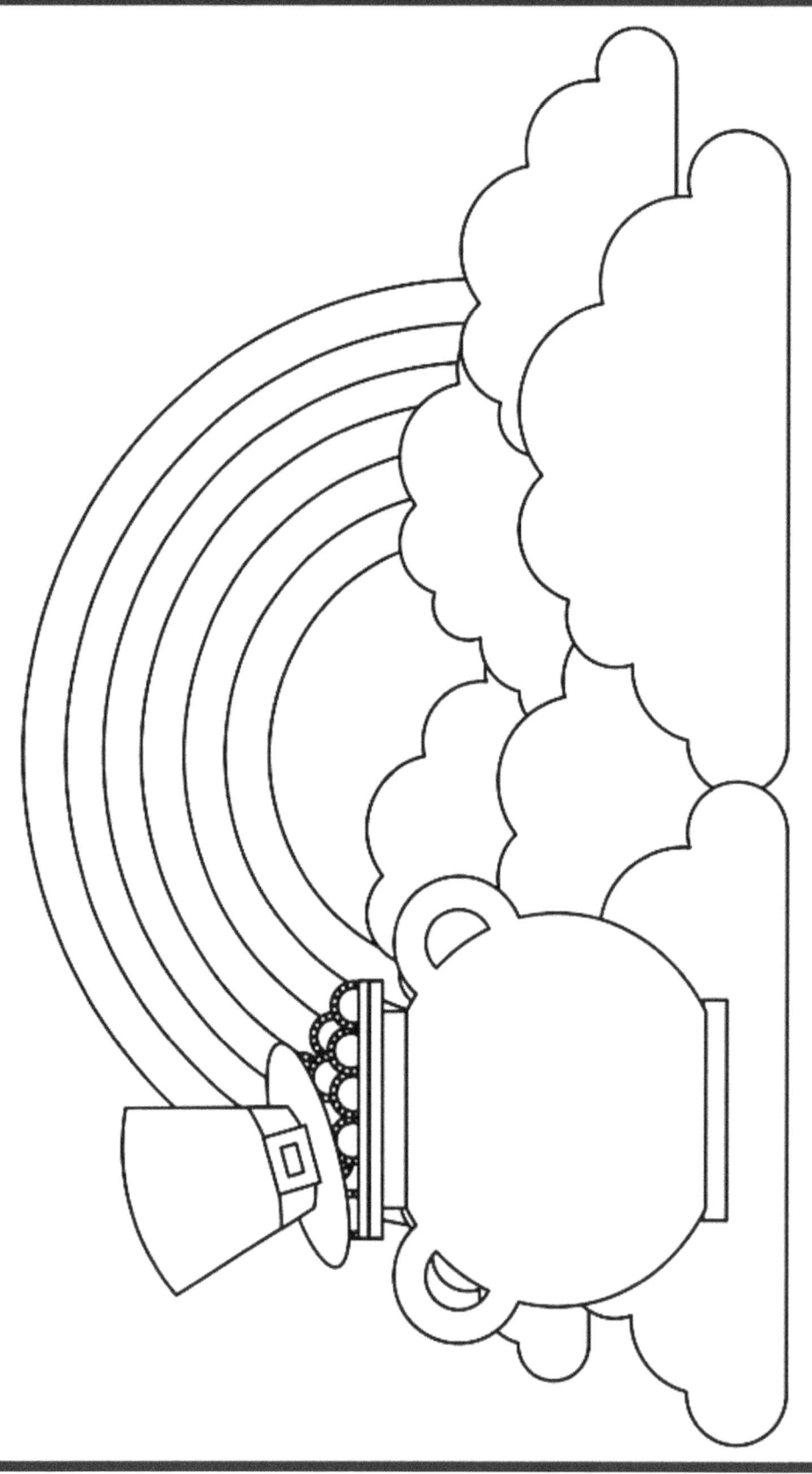

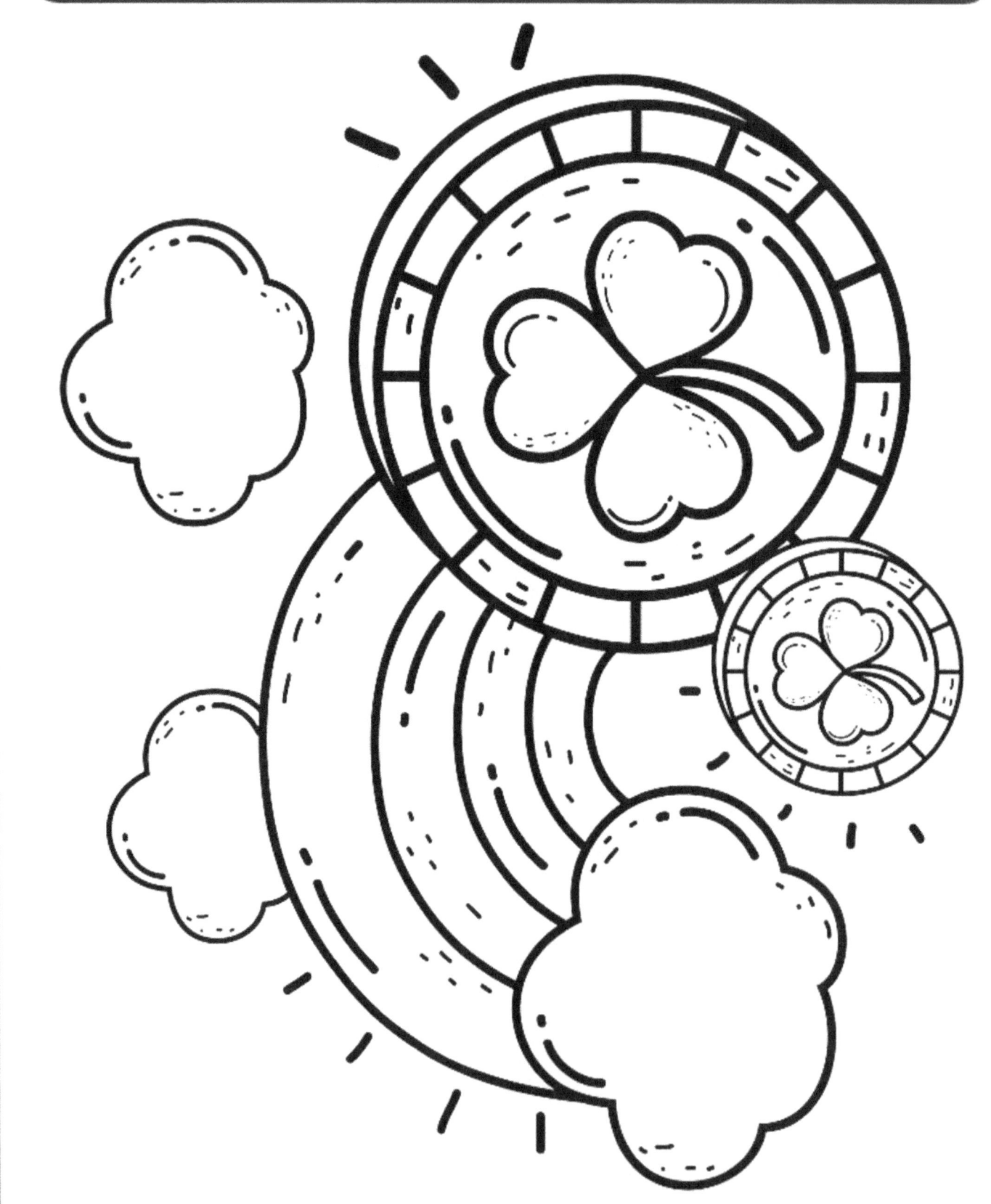

ARCOBALENO LIBRO DA COLORARE

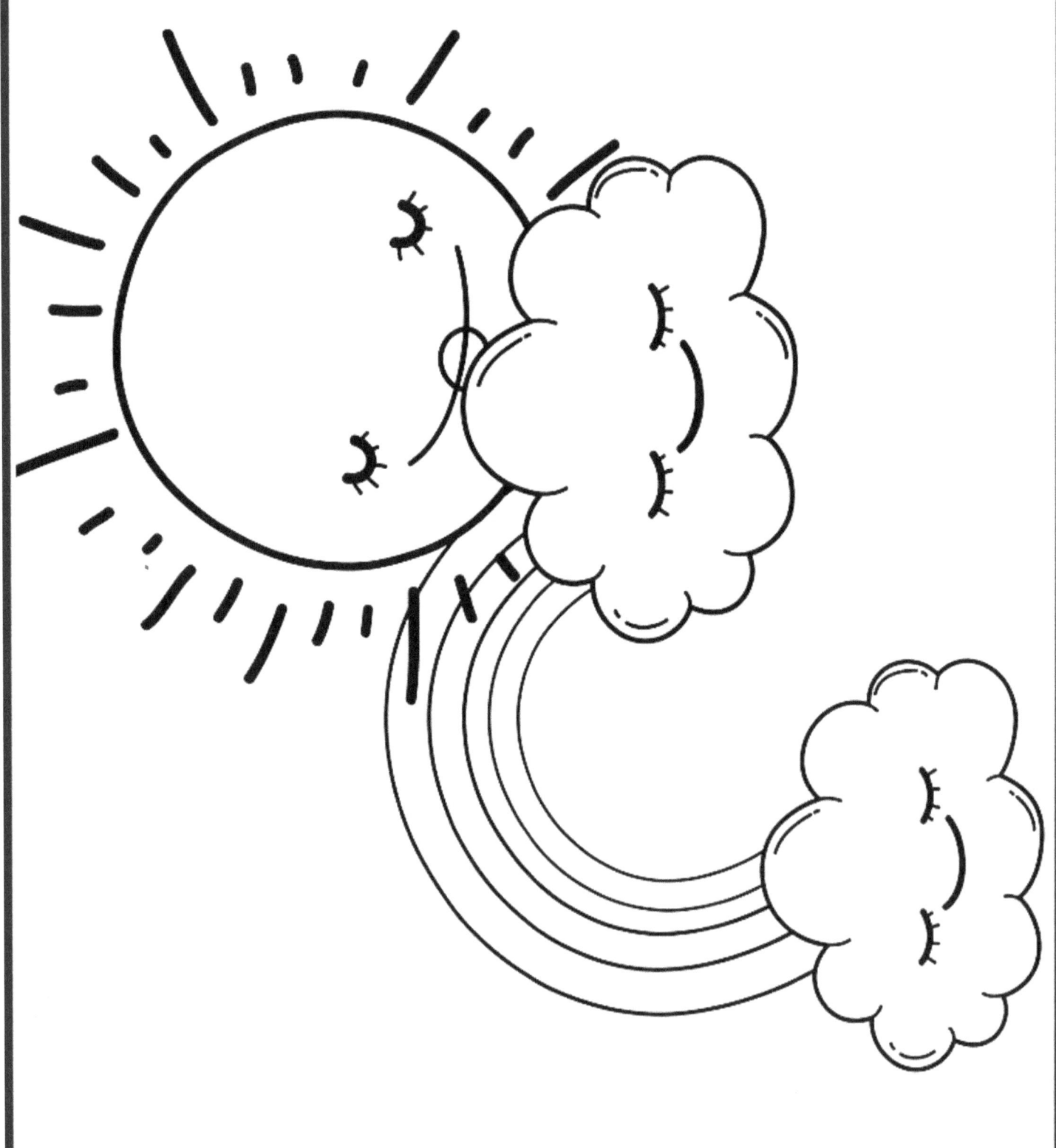

ARCOBALENO LIBRO DA COLORARE

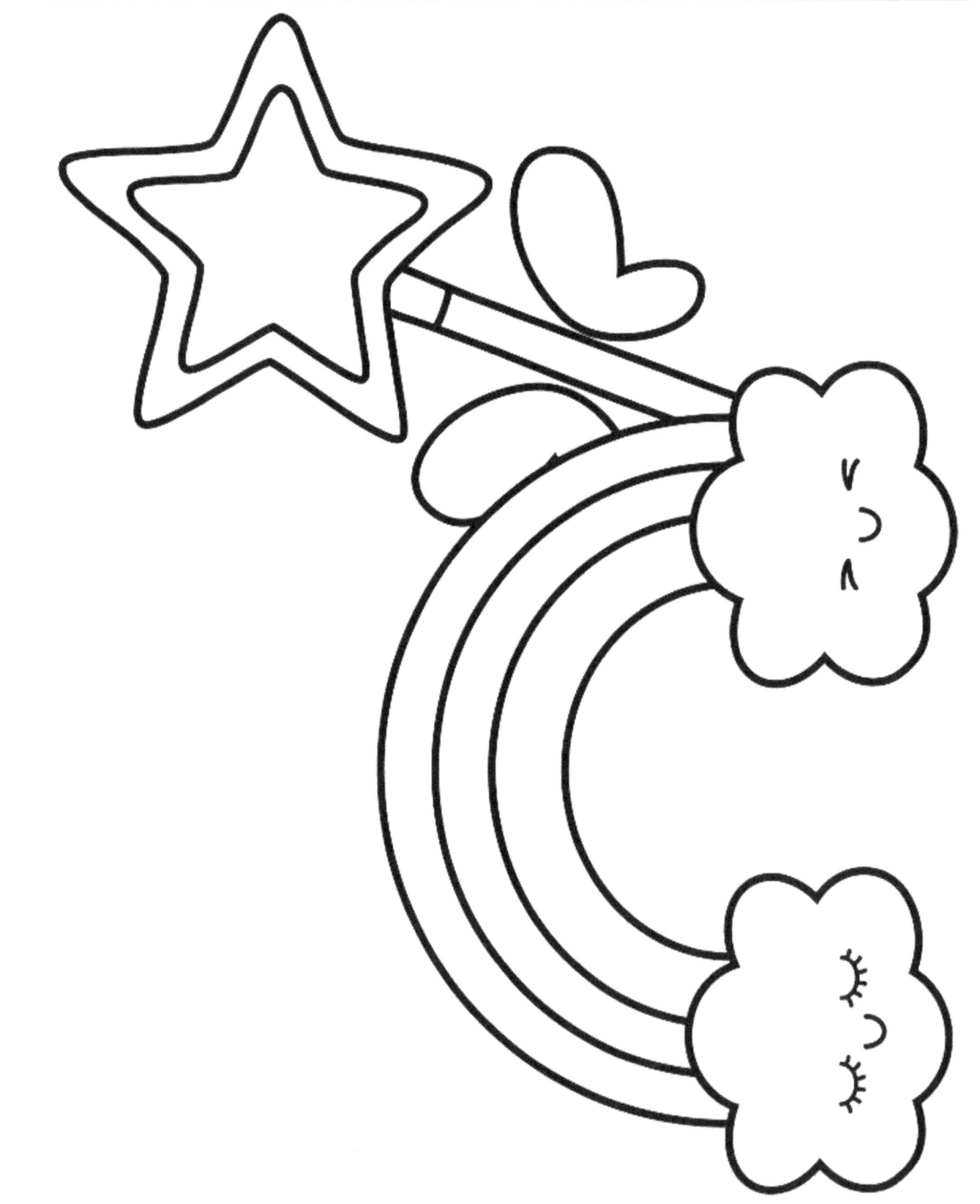

ARCOBALENO LIBRO DA COLORARE

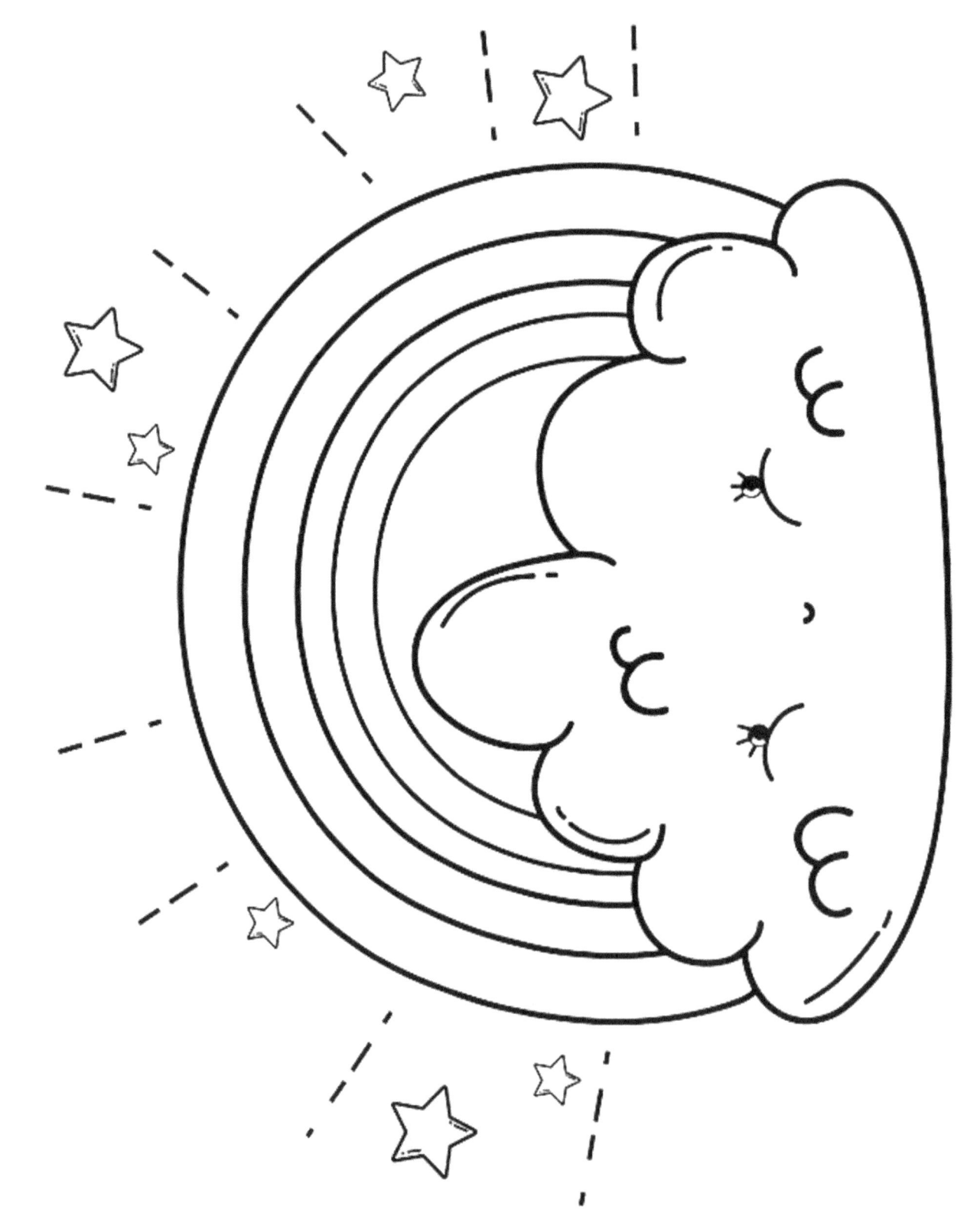

ARCOBALENO LIBRO DA COLORARE

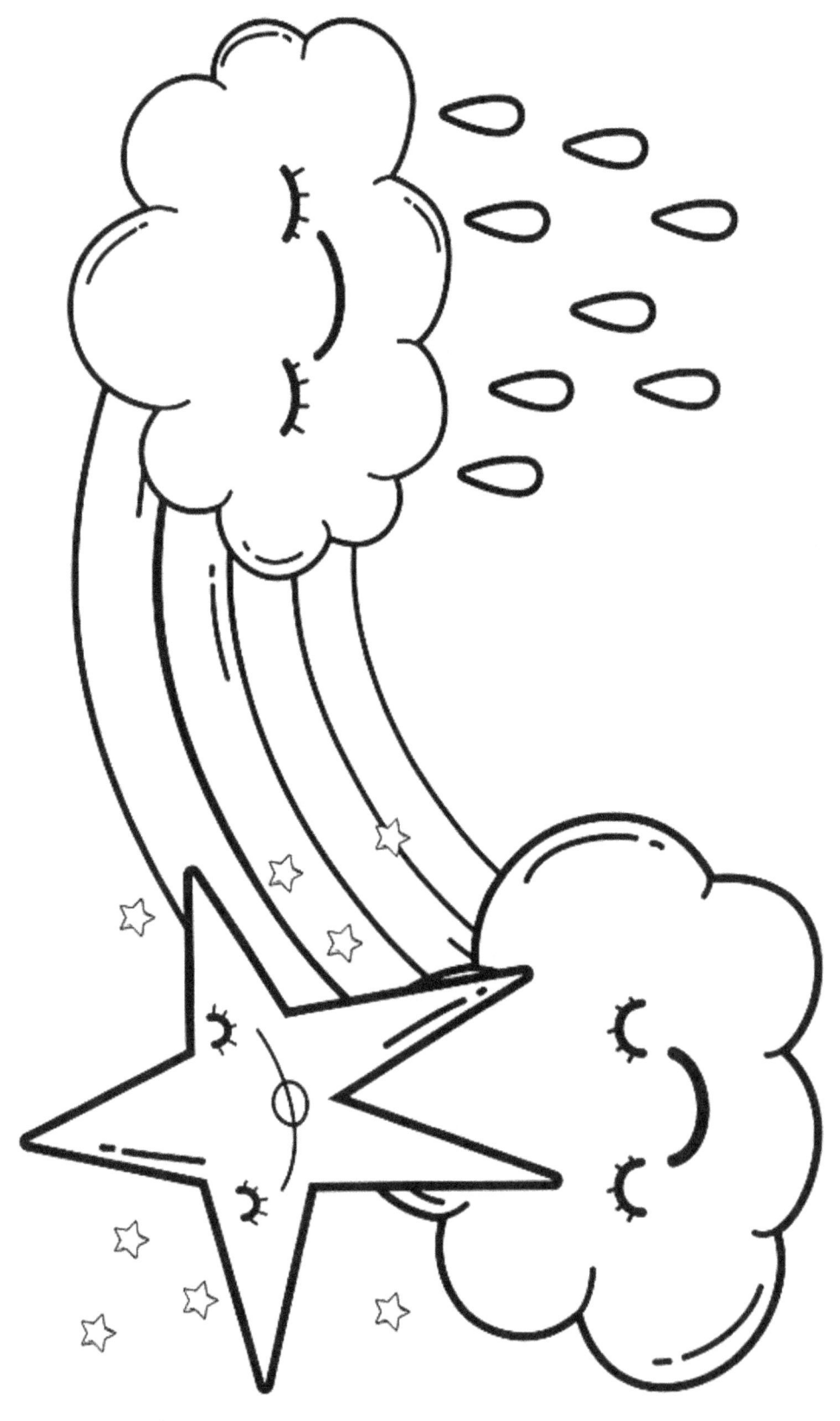

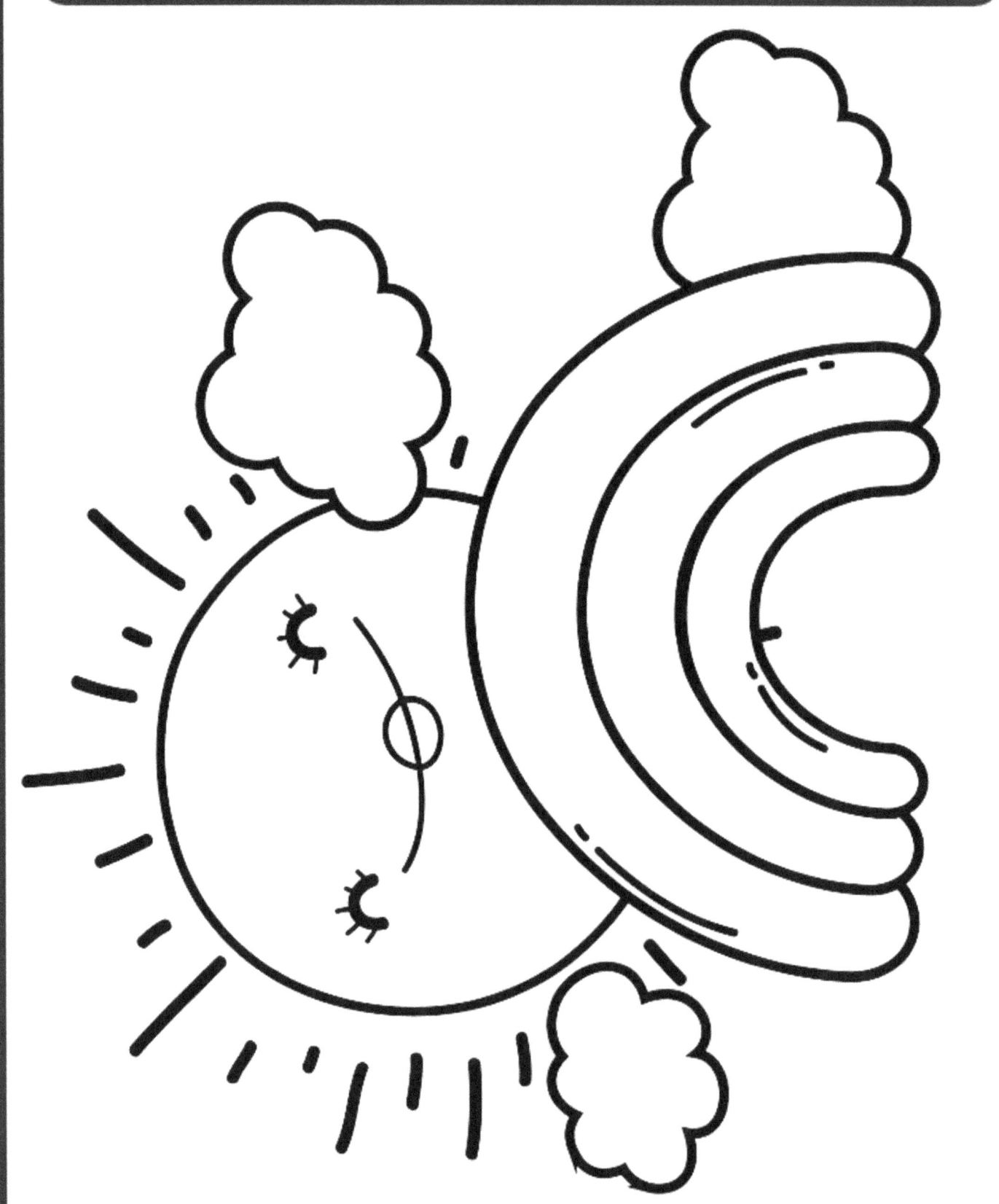

ARCOBALENO LIBRO DA COLORARE

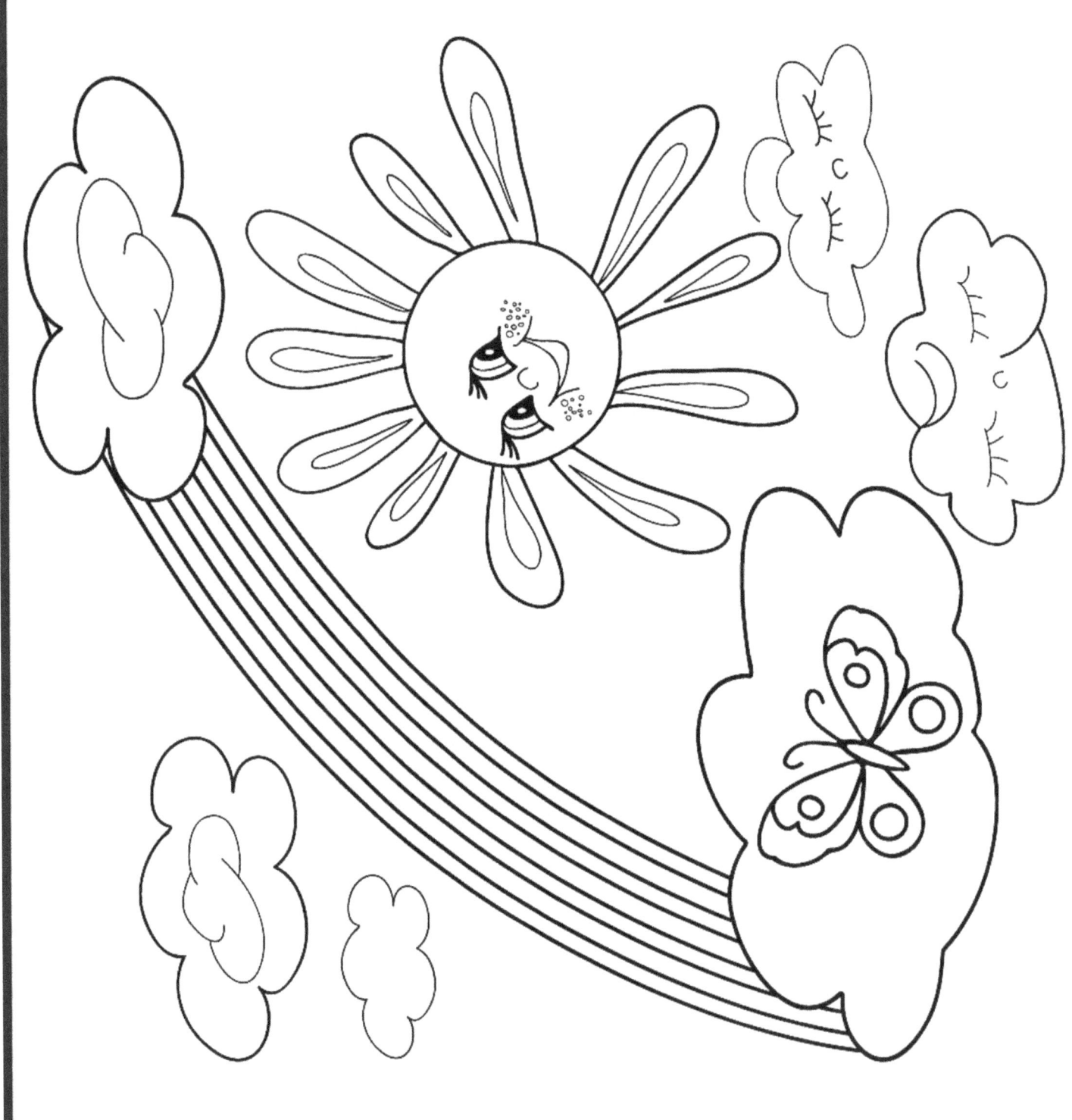

ARCOBALENO LIBRO DA COLORARE

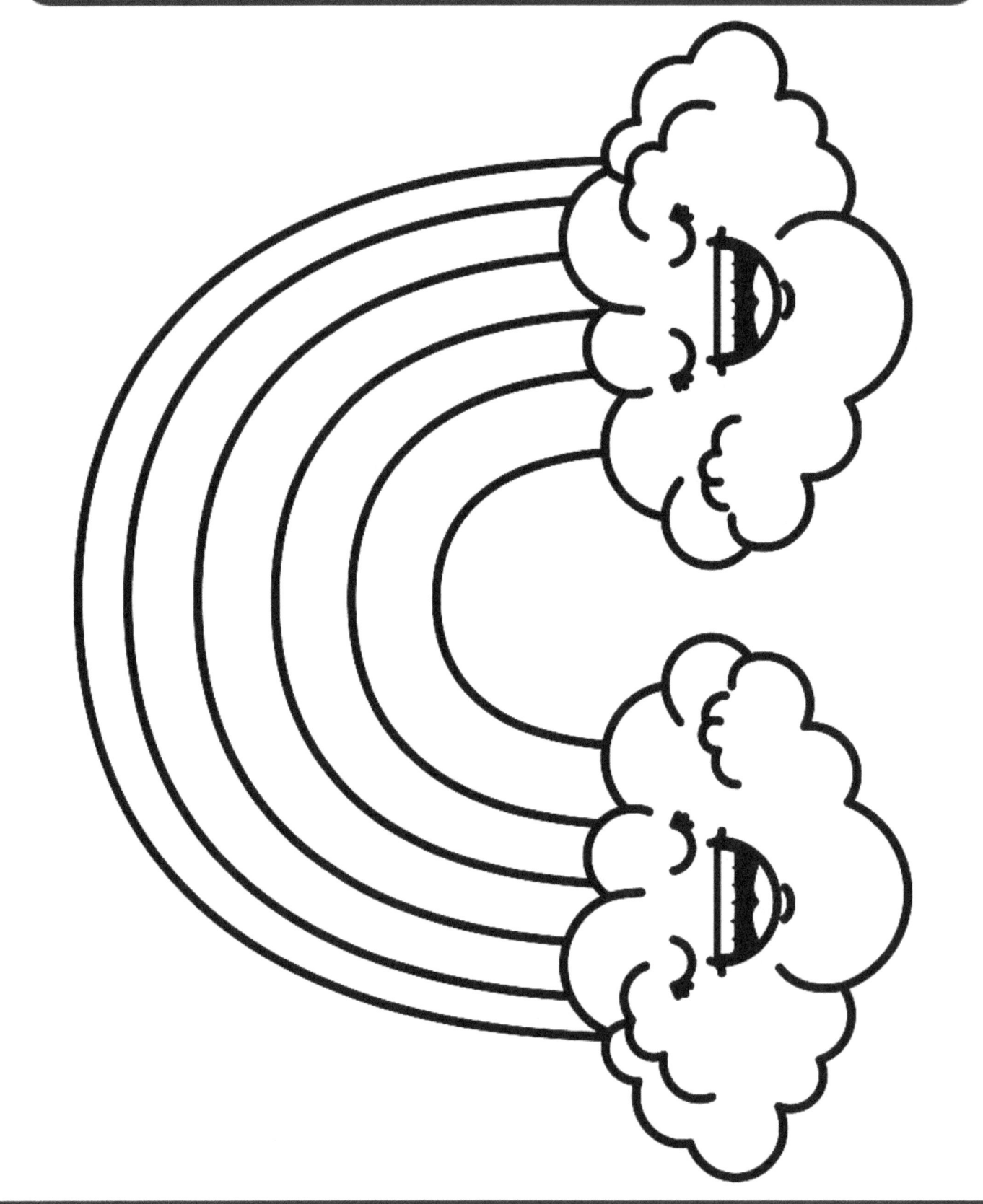

ARCOBALENO LIBRO DA COLORARE

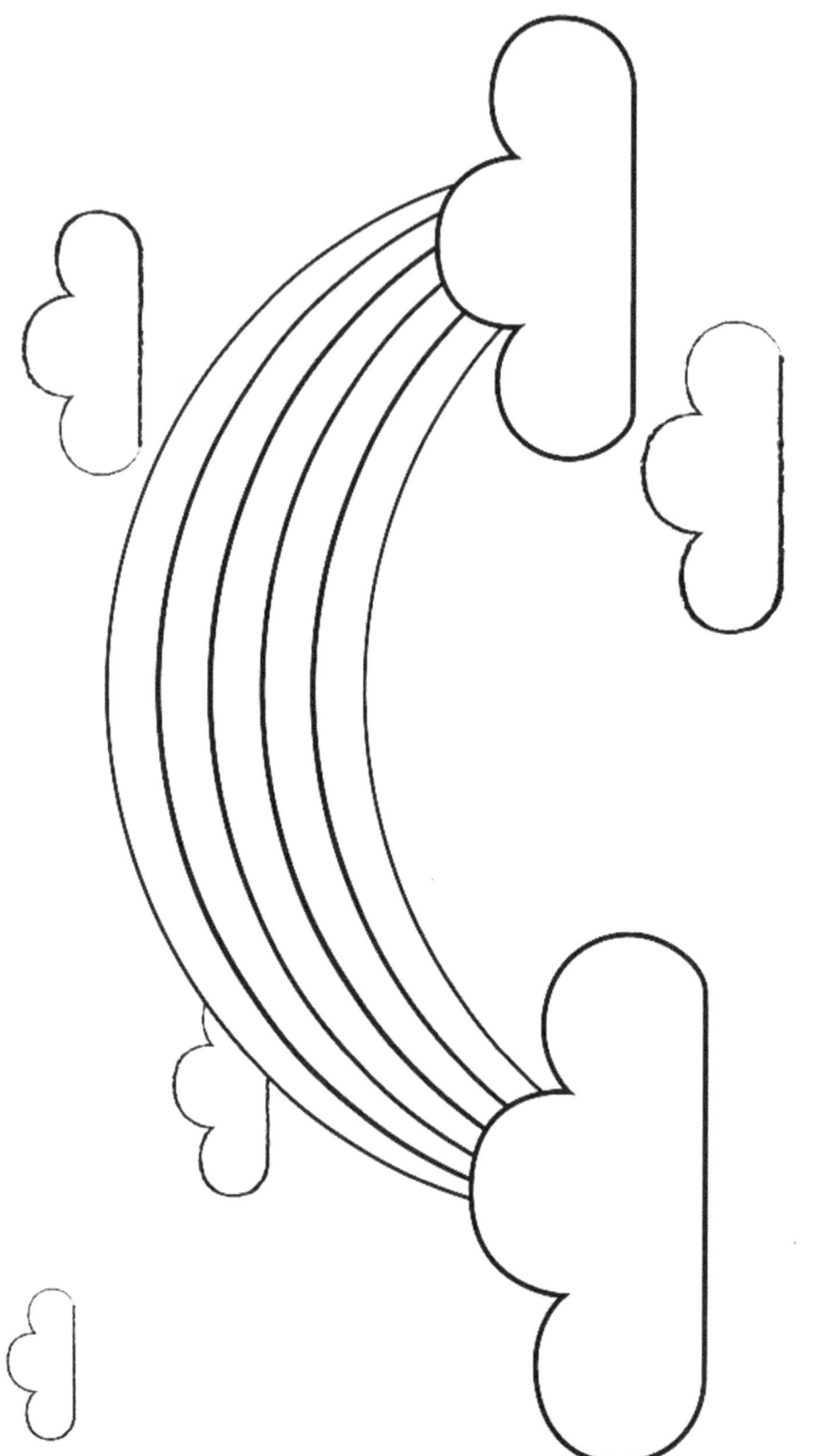

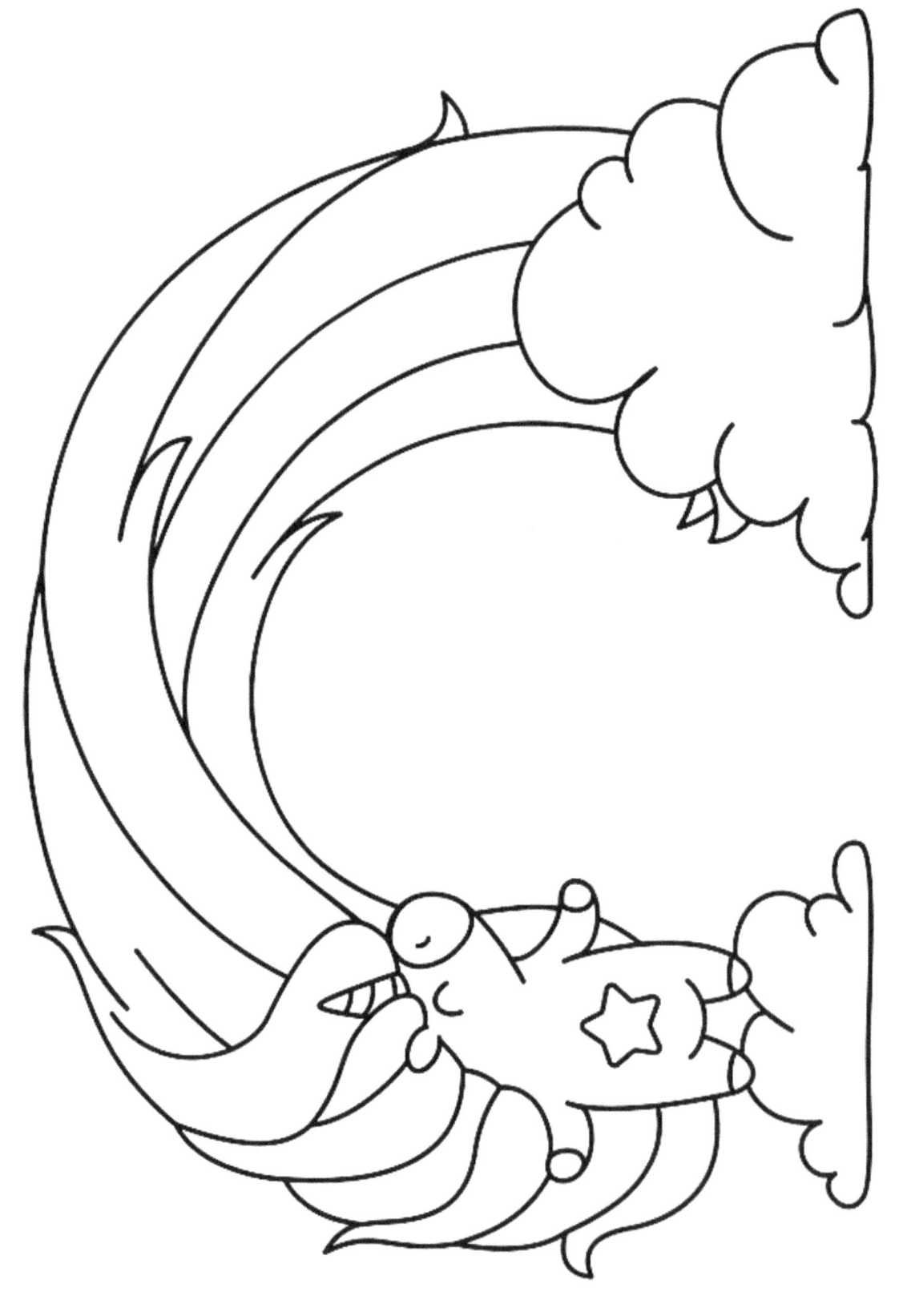

ARCOBALENO LIBRO DA COLORARE

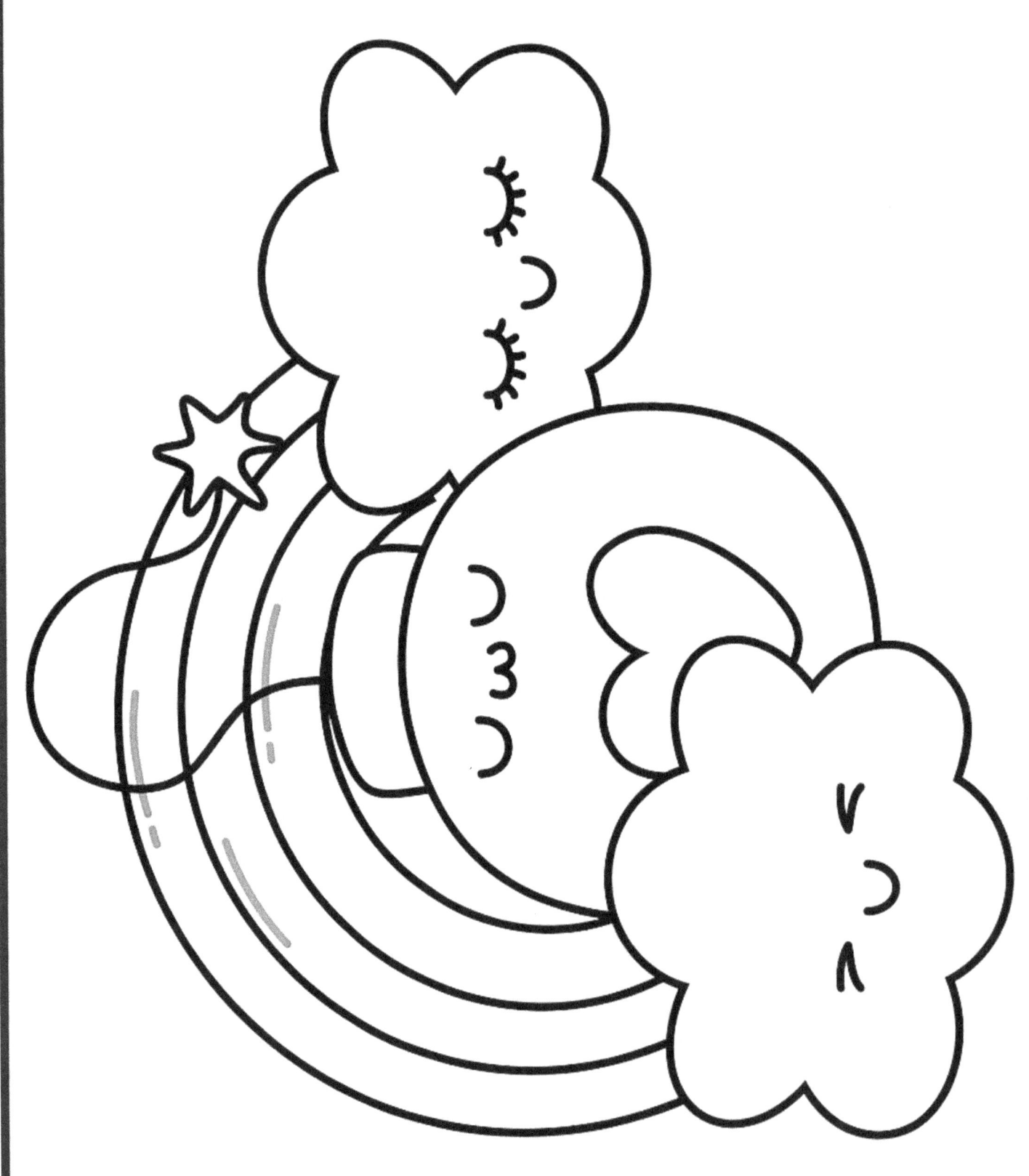

ARCOBALENO LIBRO DA COLORARE

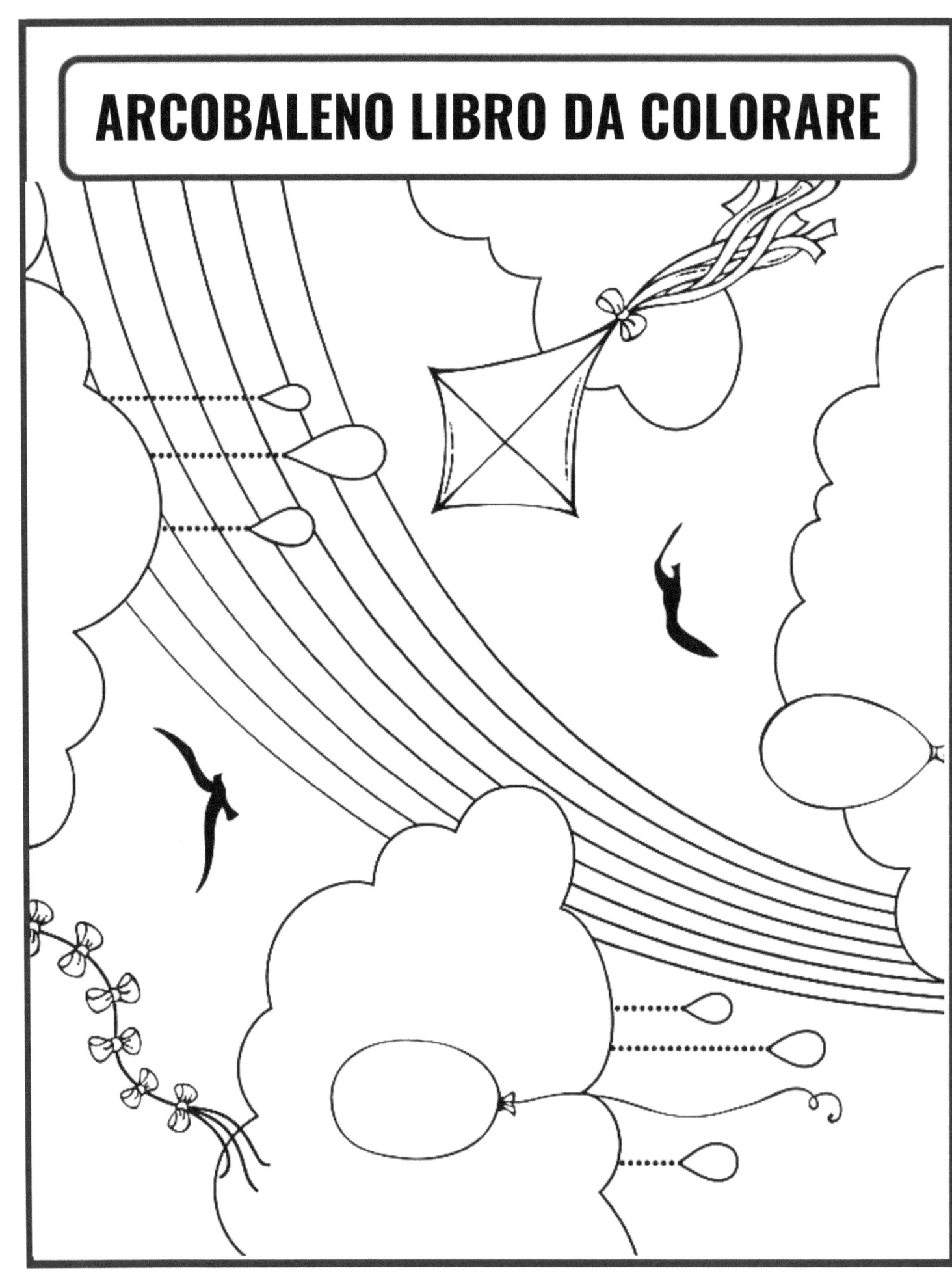

ARCOBALENO LIBRO DA COLORARE

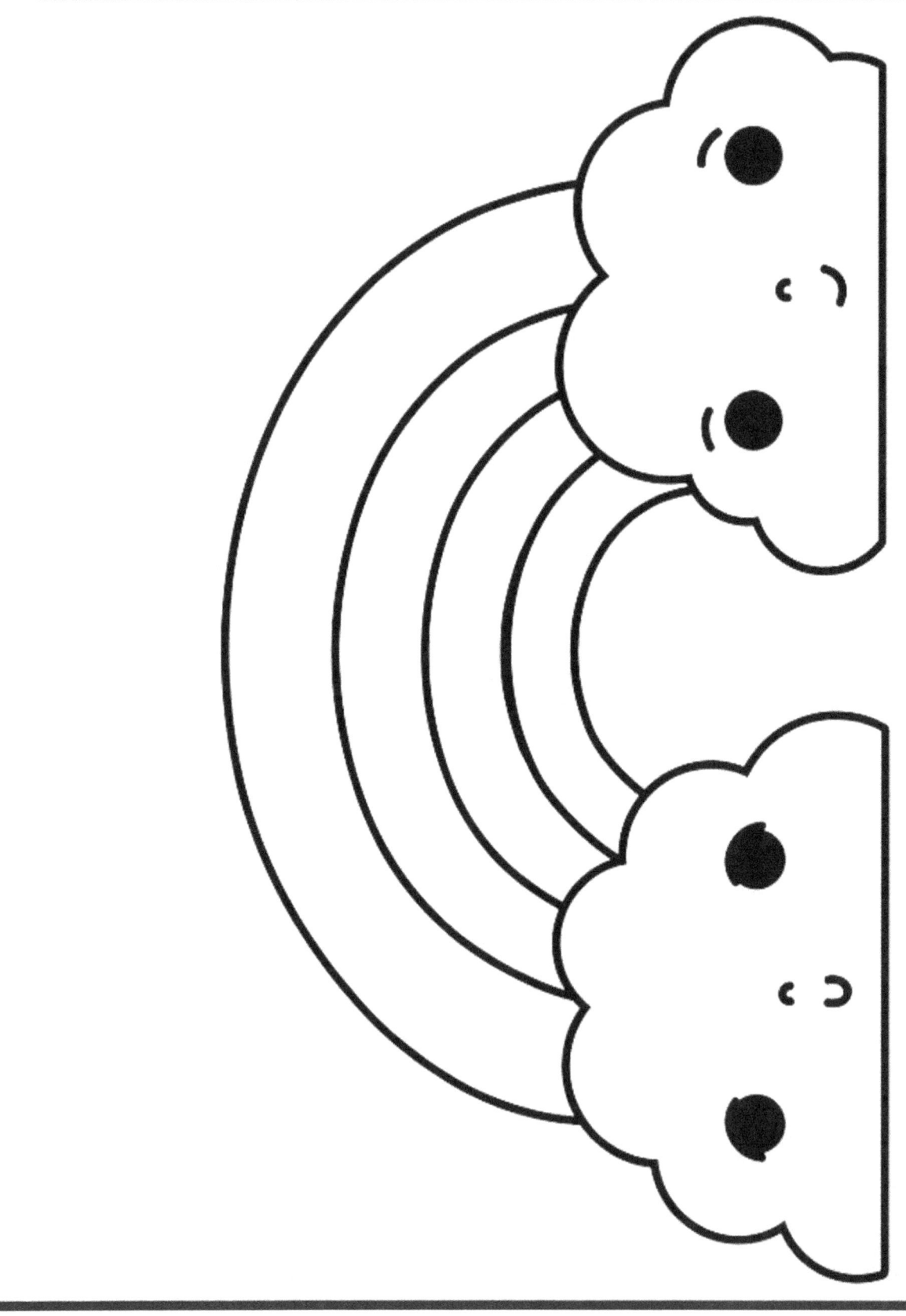

ARCOBALENO LIBRO DA COLORARE

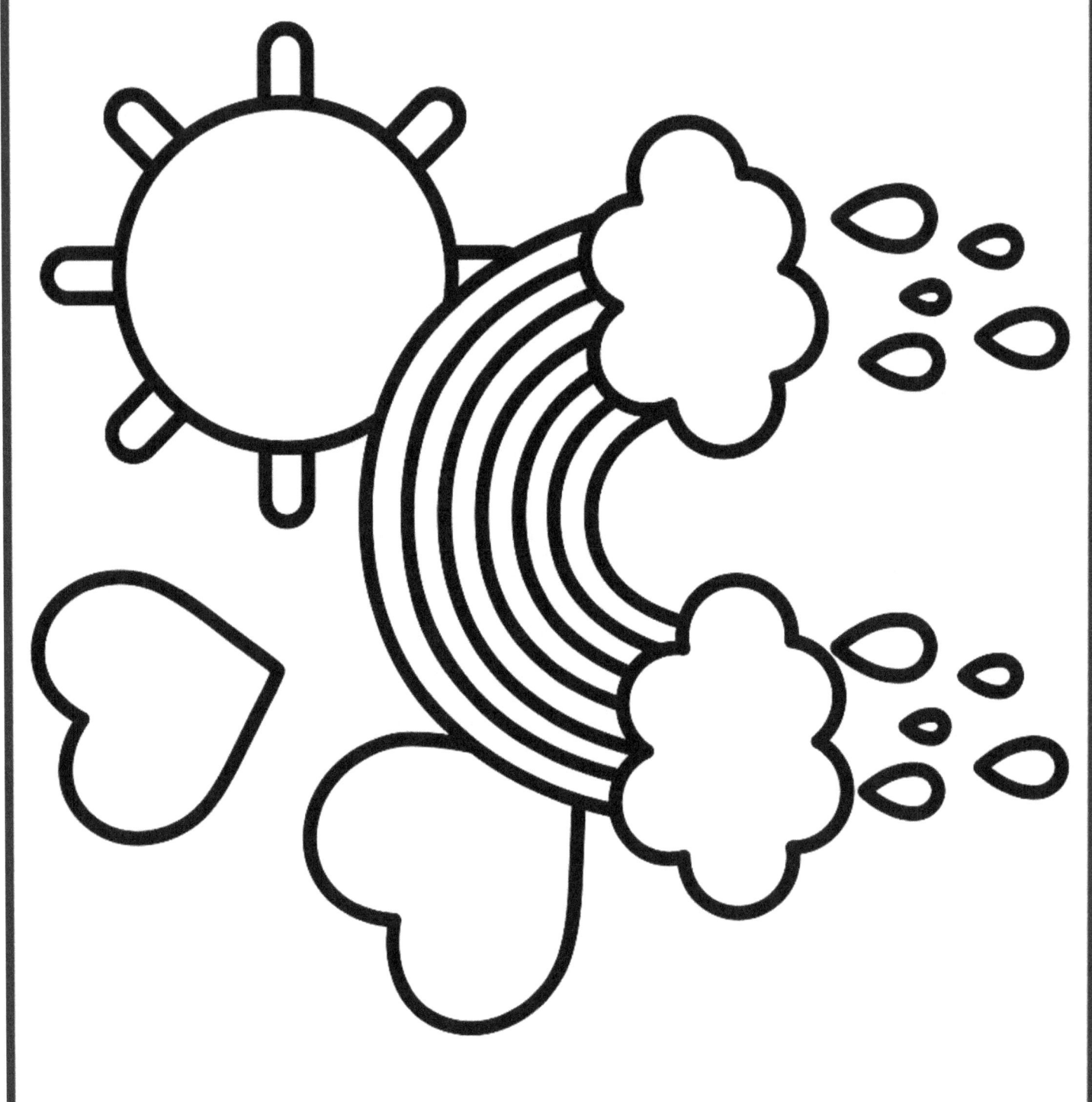

ARCOBALENO LIBRO DA COLORARE

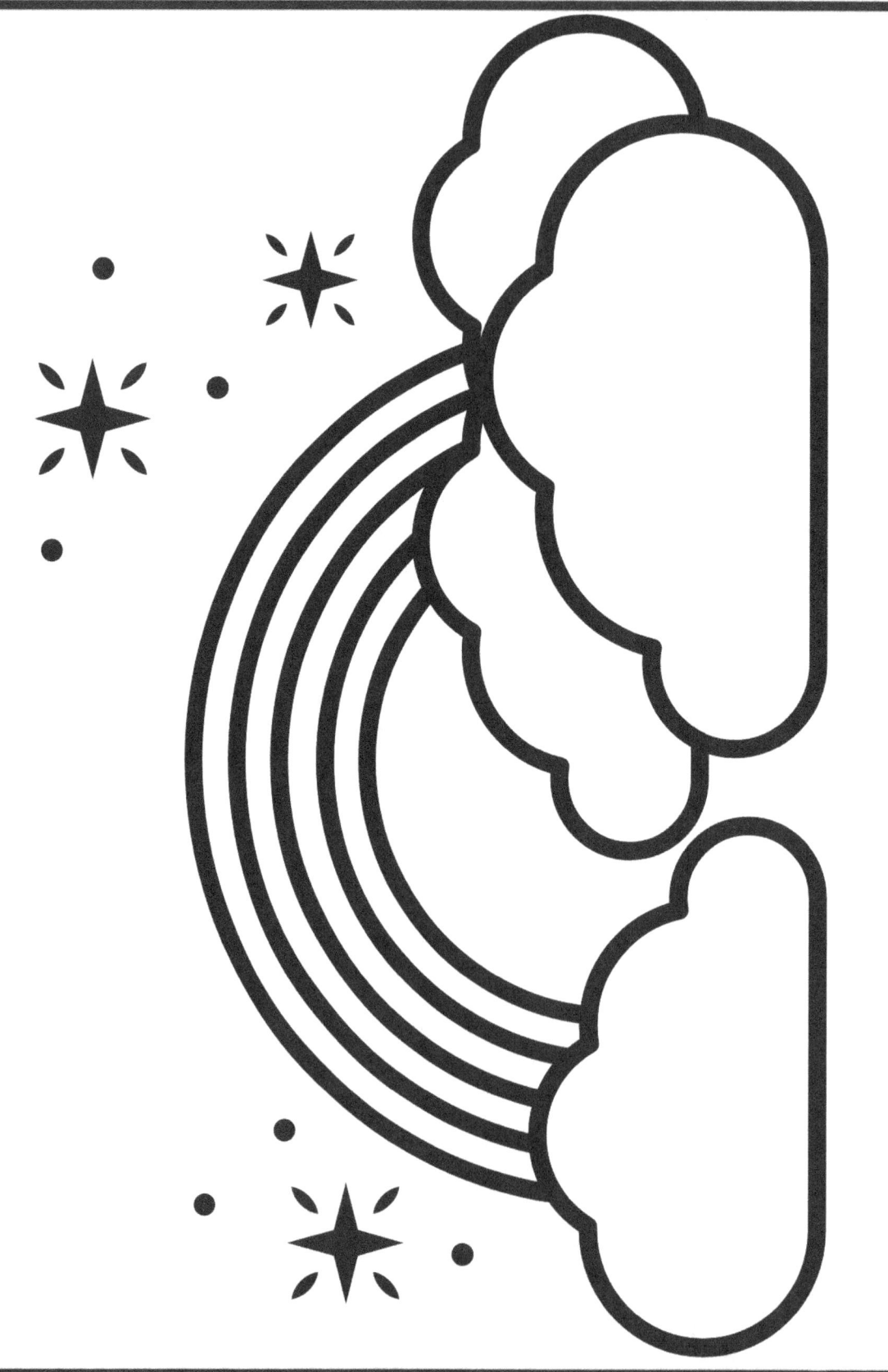

ARCOBALENO LIBRO DA COLORARE

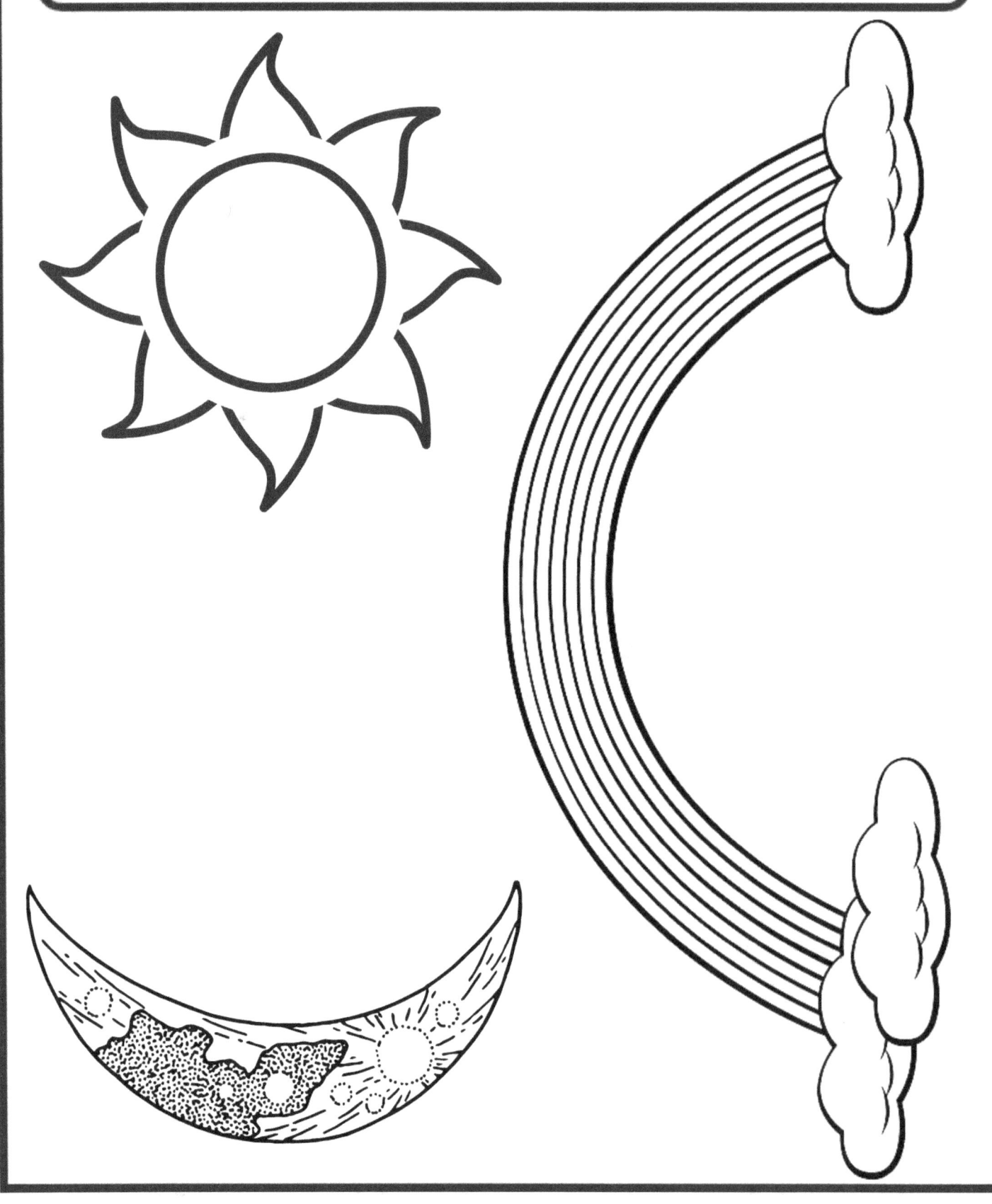

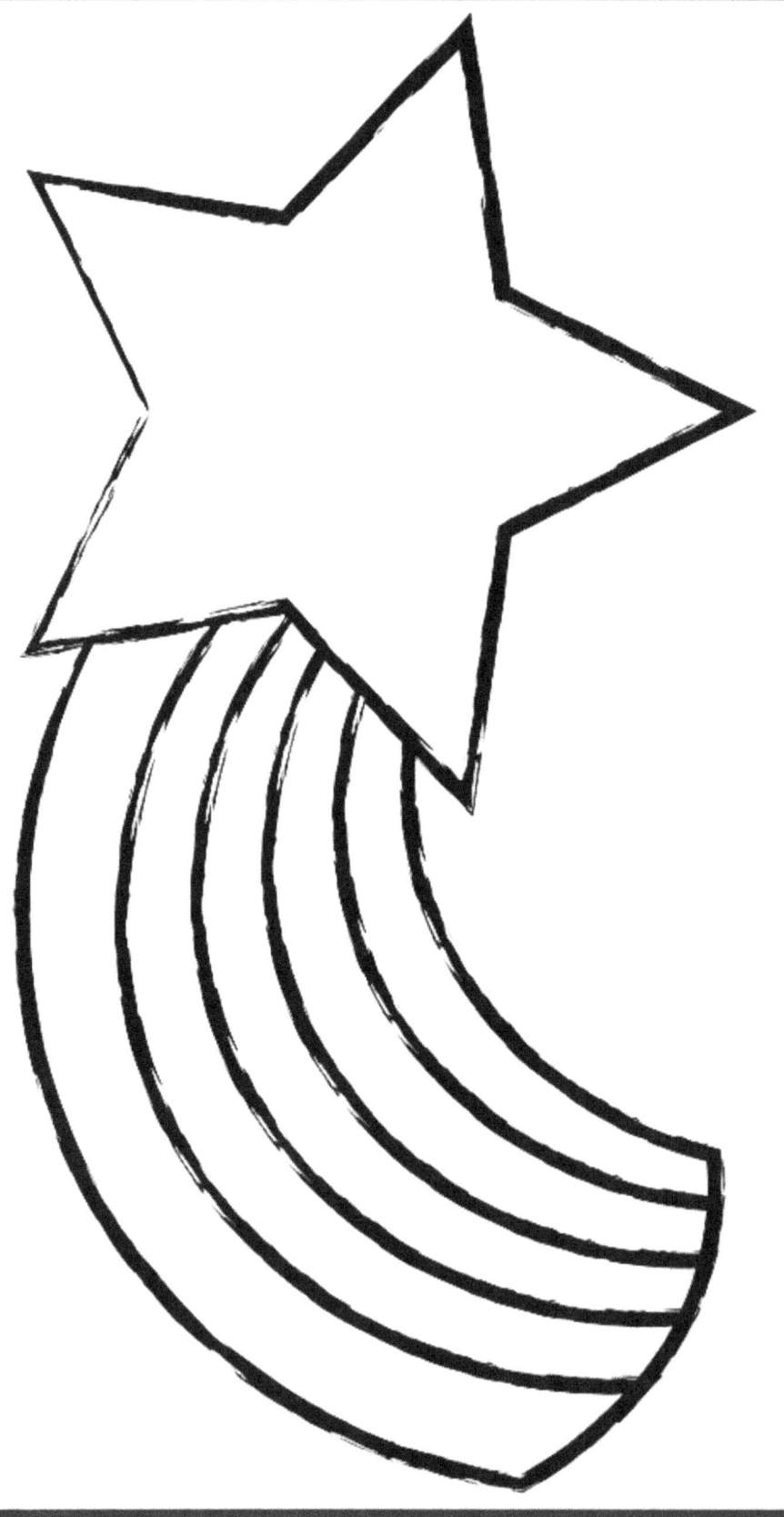

ARCOBALENO LIBRO DA COLORARE

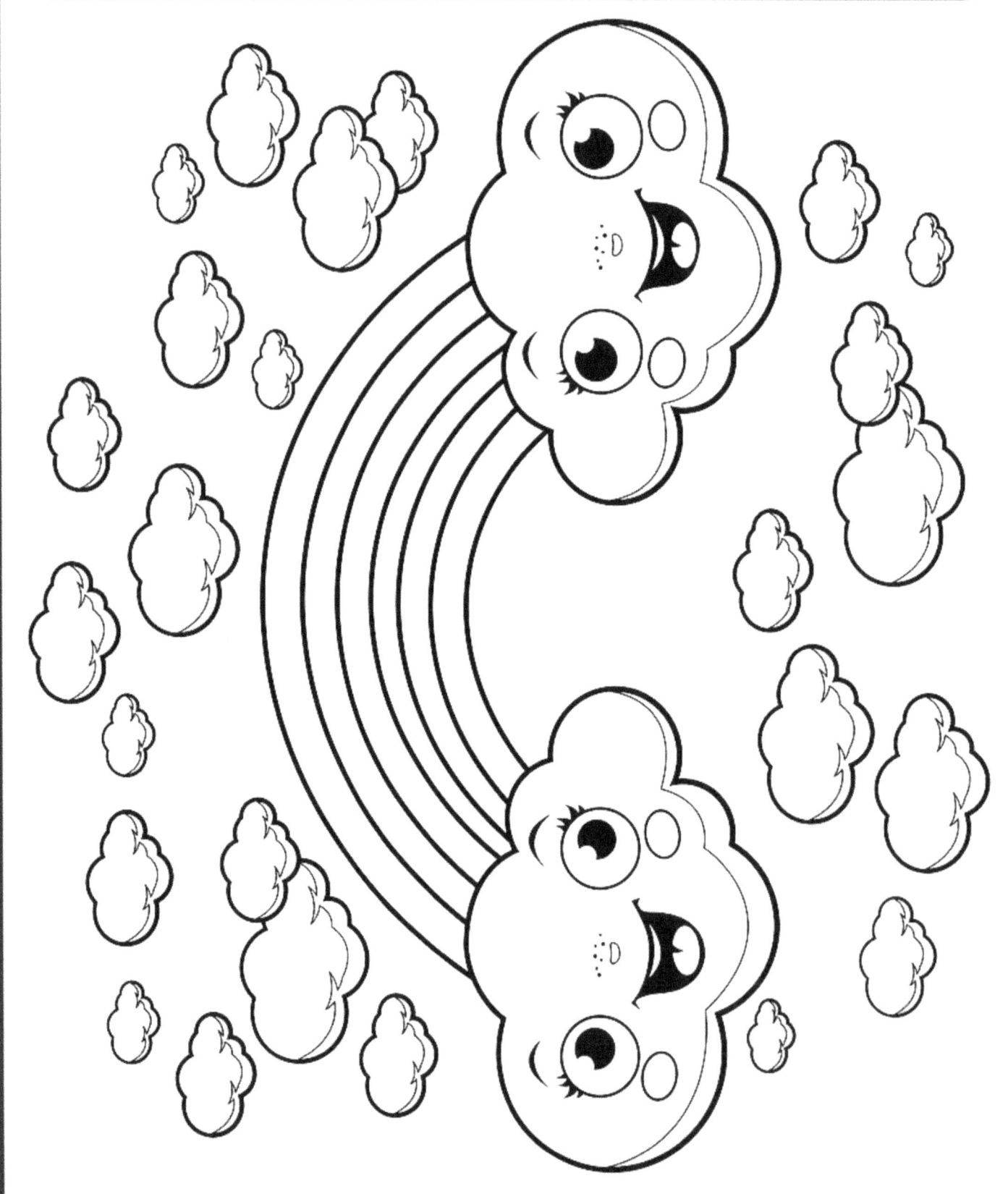

ARCOBALENO LIBRO DA COLORARE

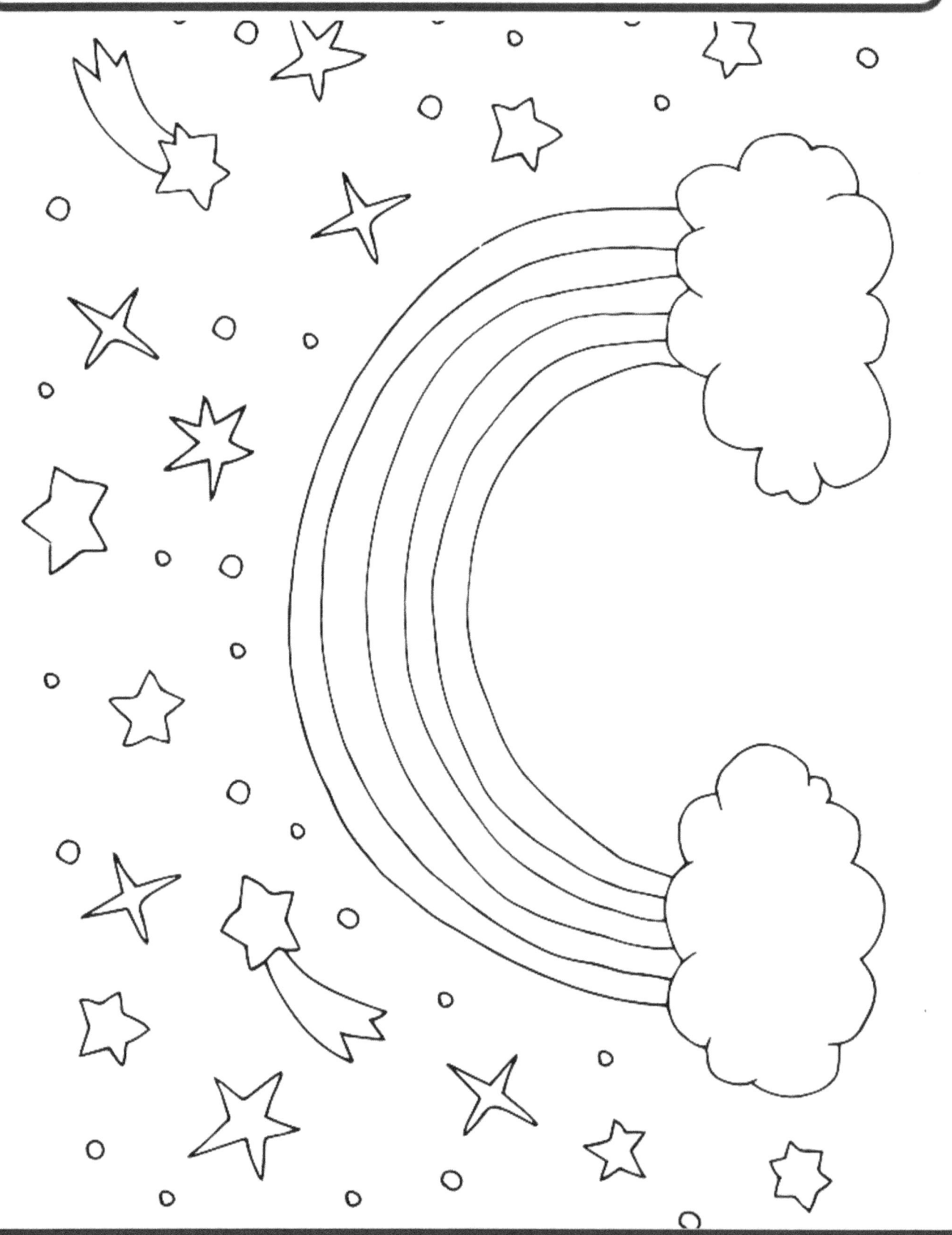

ARCOBALENO LIBRO DA COLORARE

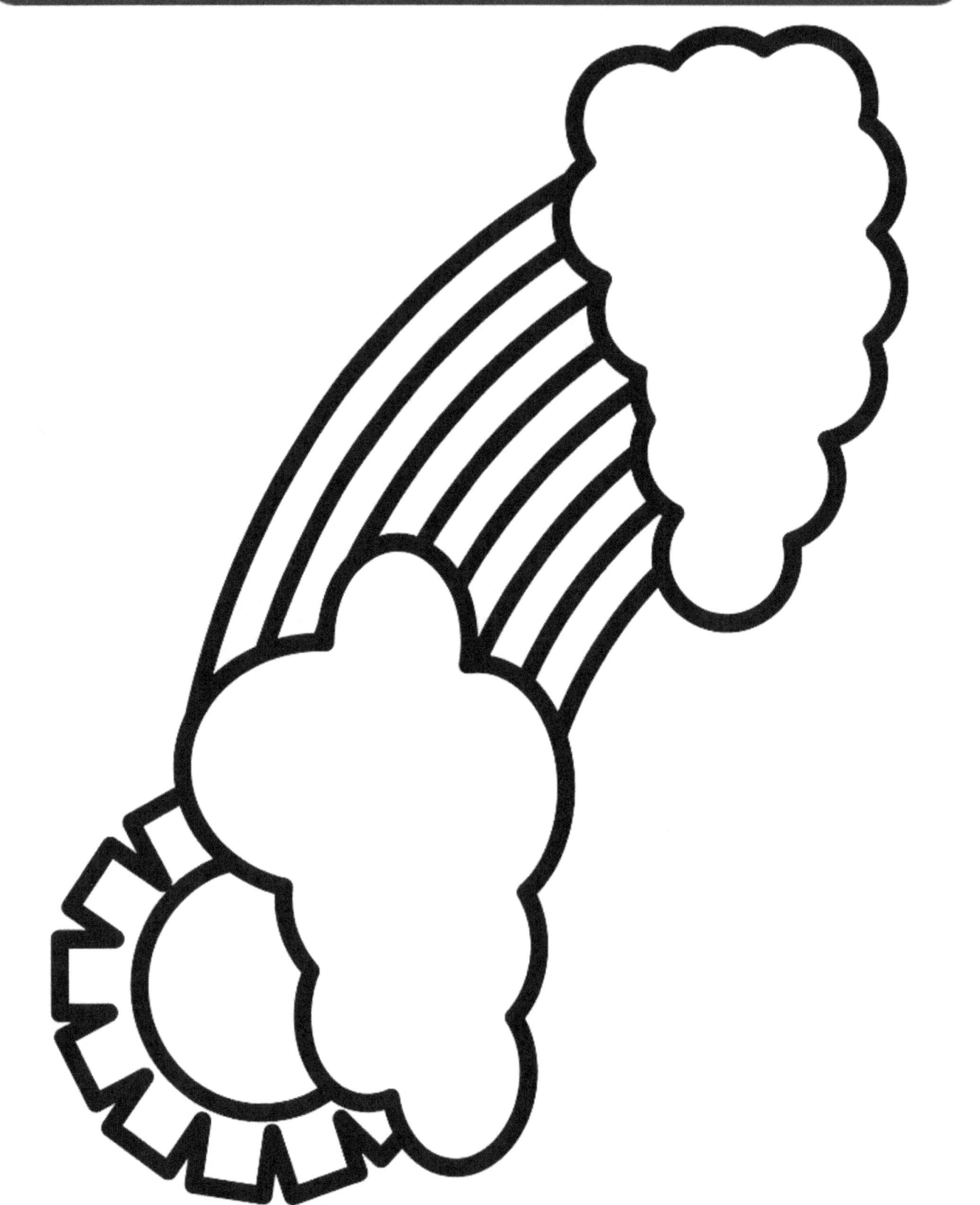

ARCOBALENO LIBRO DA COLORARE

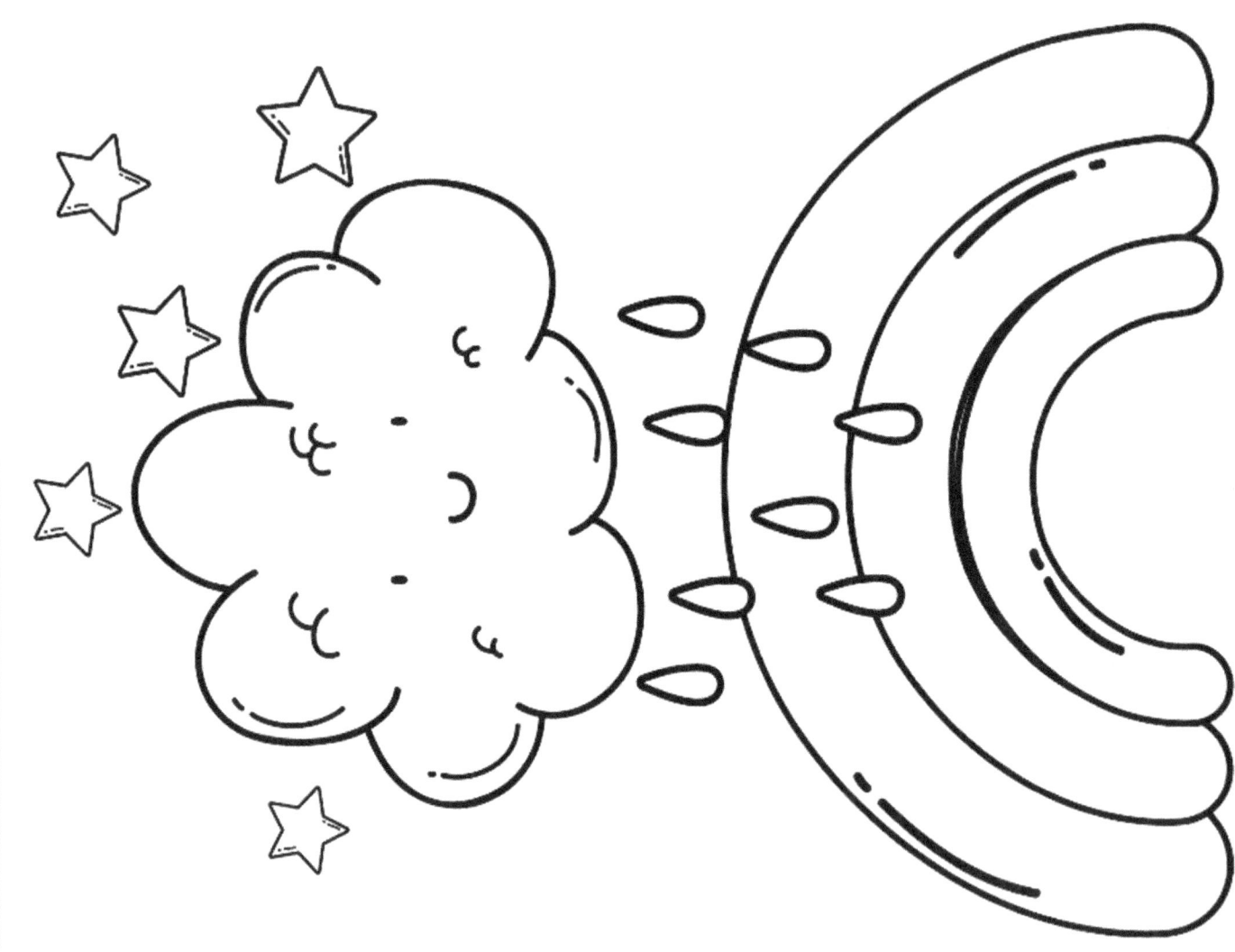

ARCOBALENO LIBRO DA COLORARE

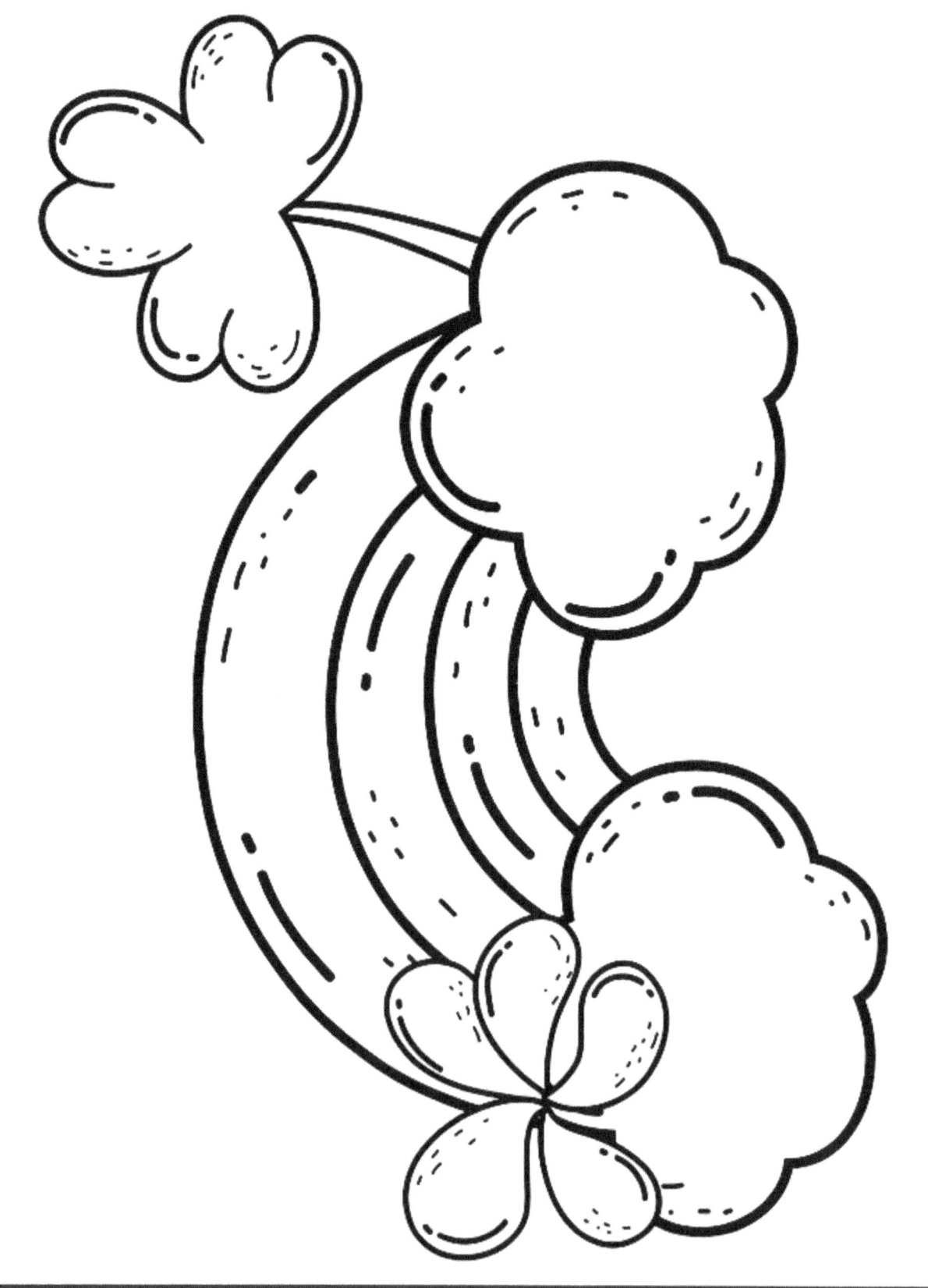

ARCOBALENO LIBRO DA COLORARE

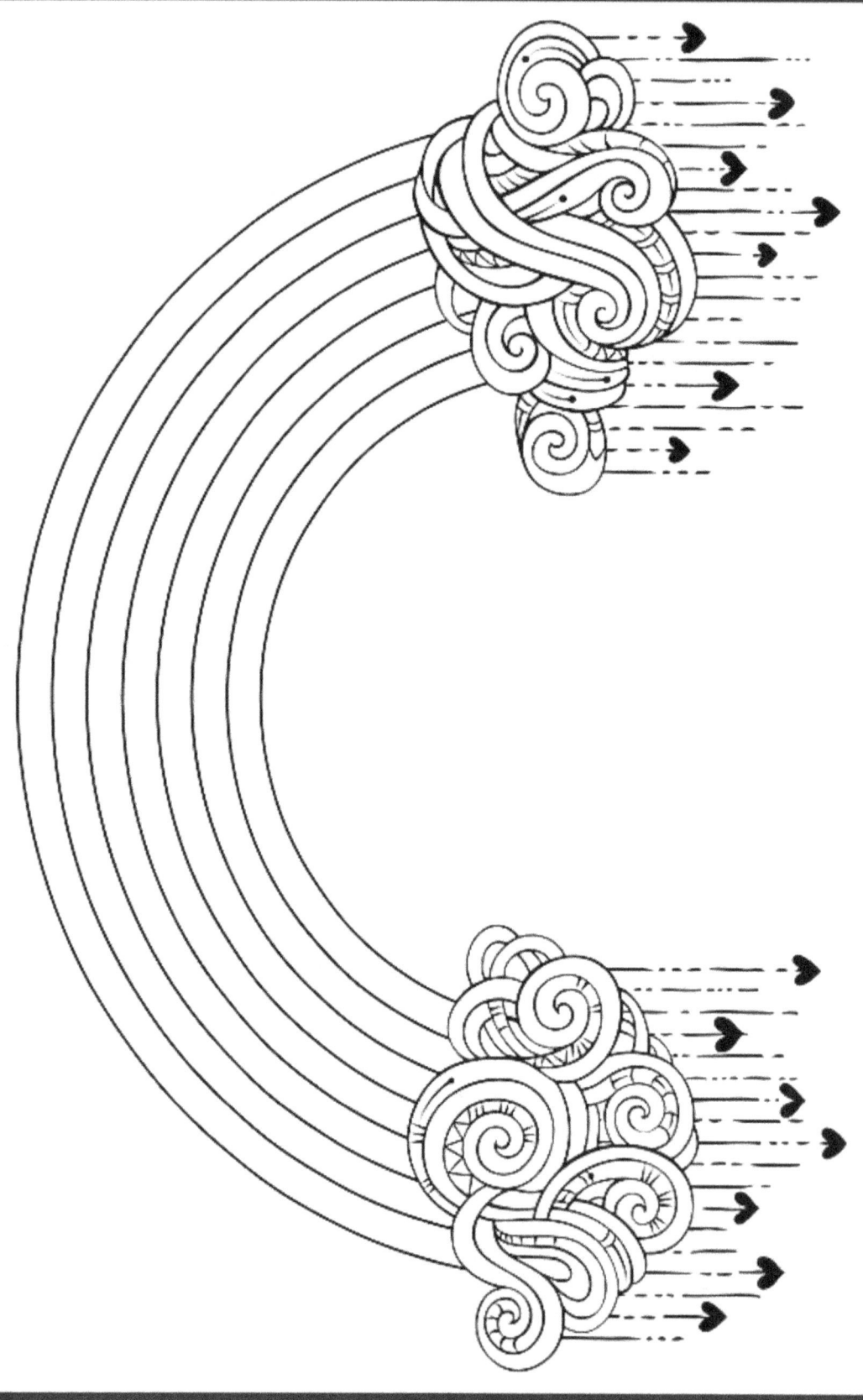

ARCOBALENO LIBRO DA COLORARE

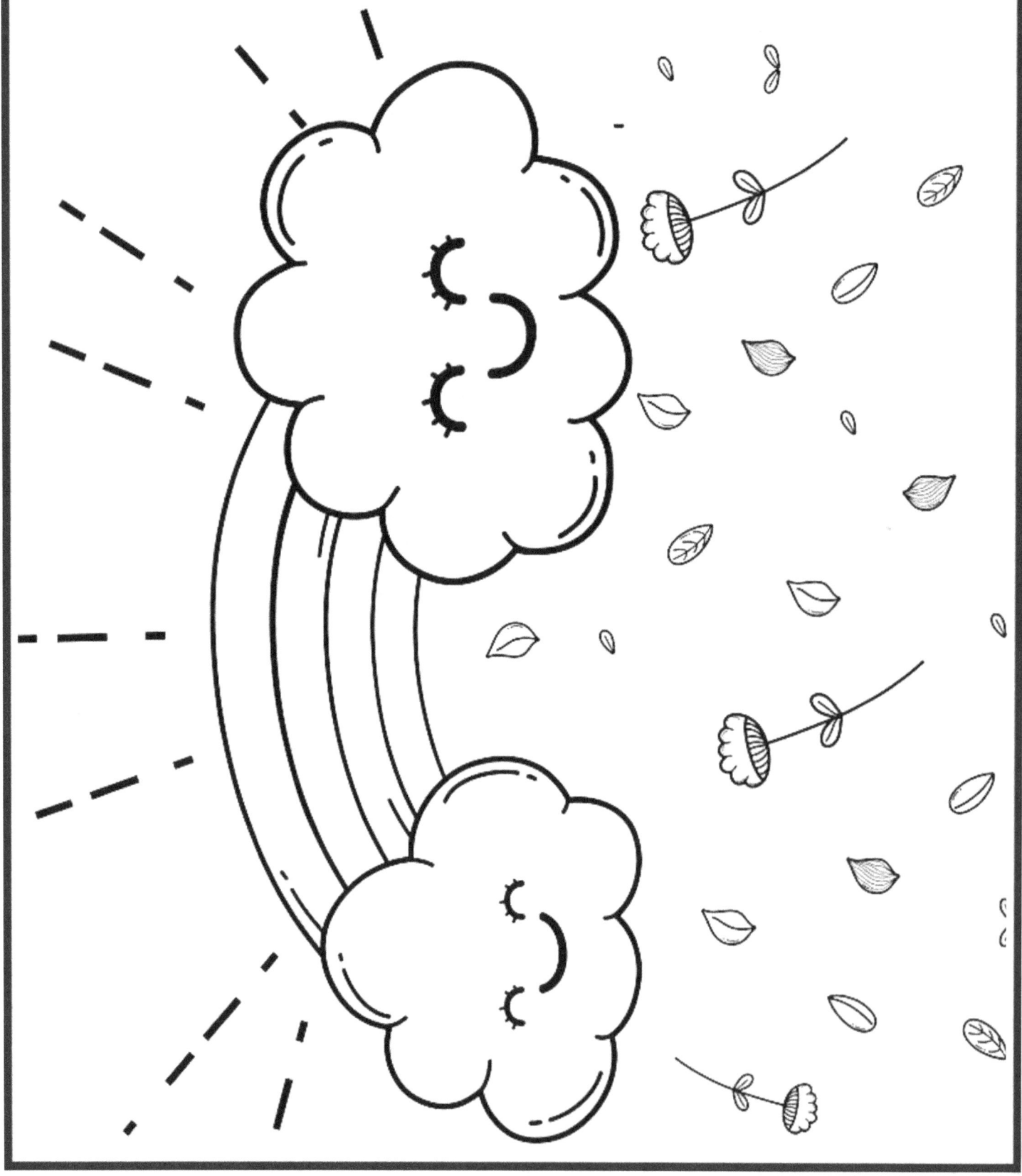

ARCOBALENO LIBRO DA COLORARE

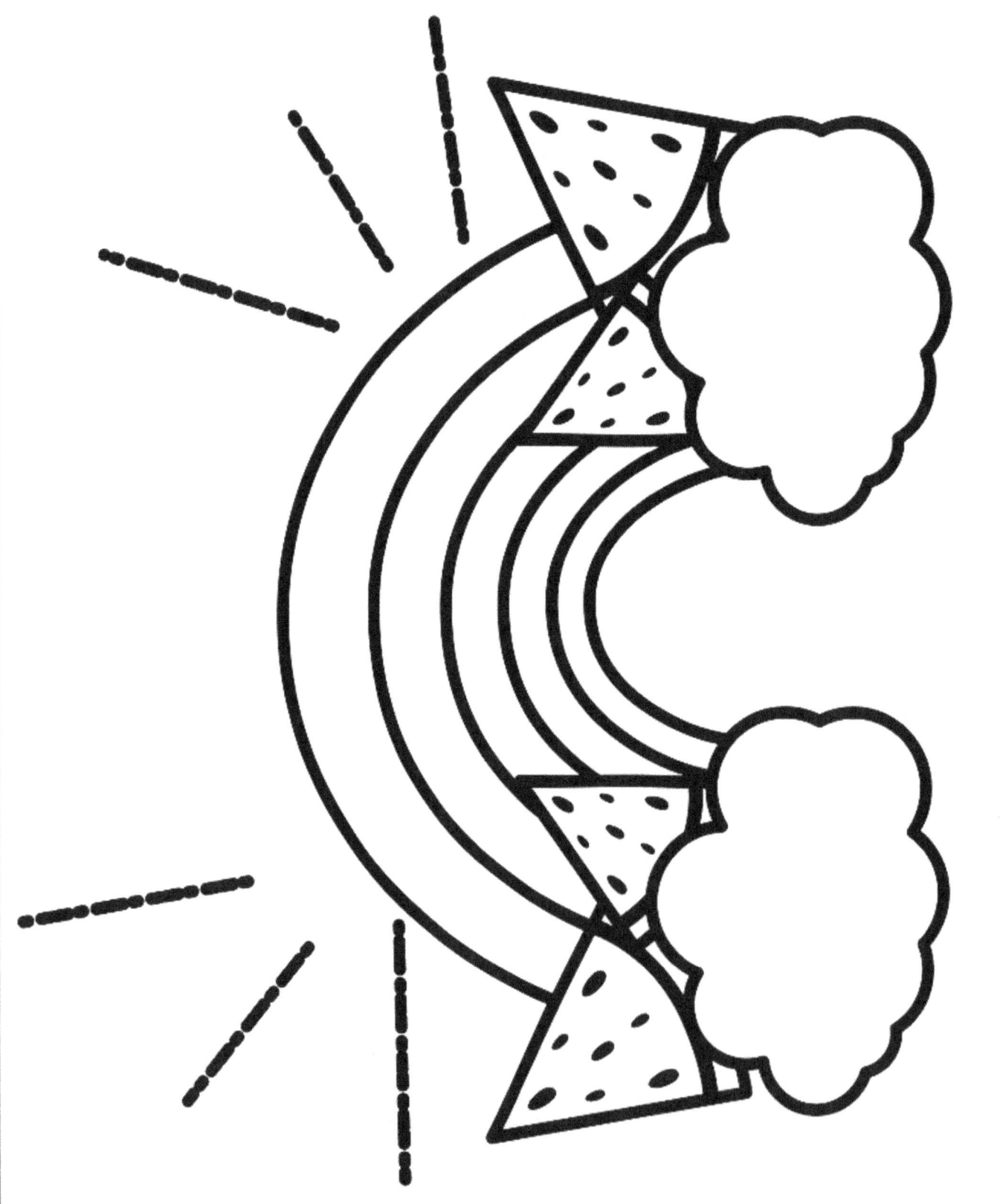

ARCOBALENO LIBRO DA COLORARE

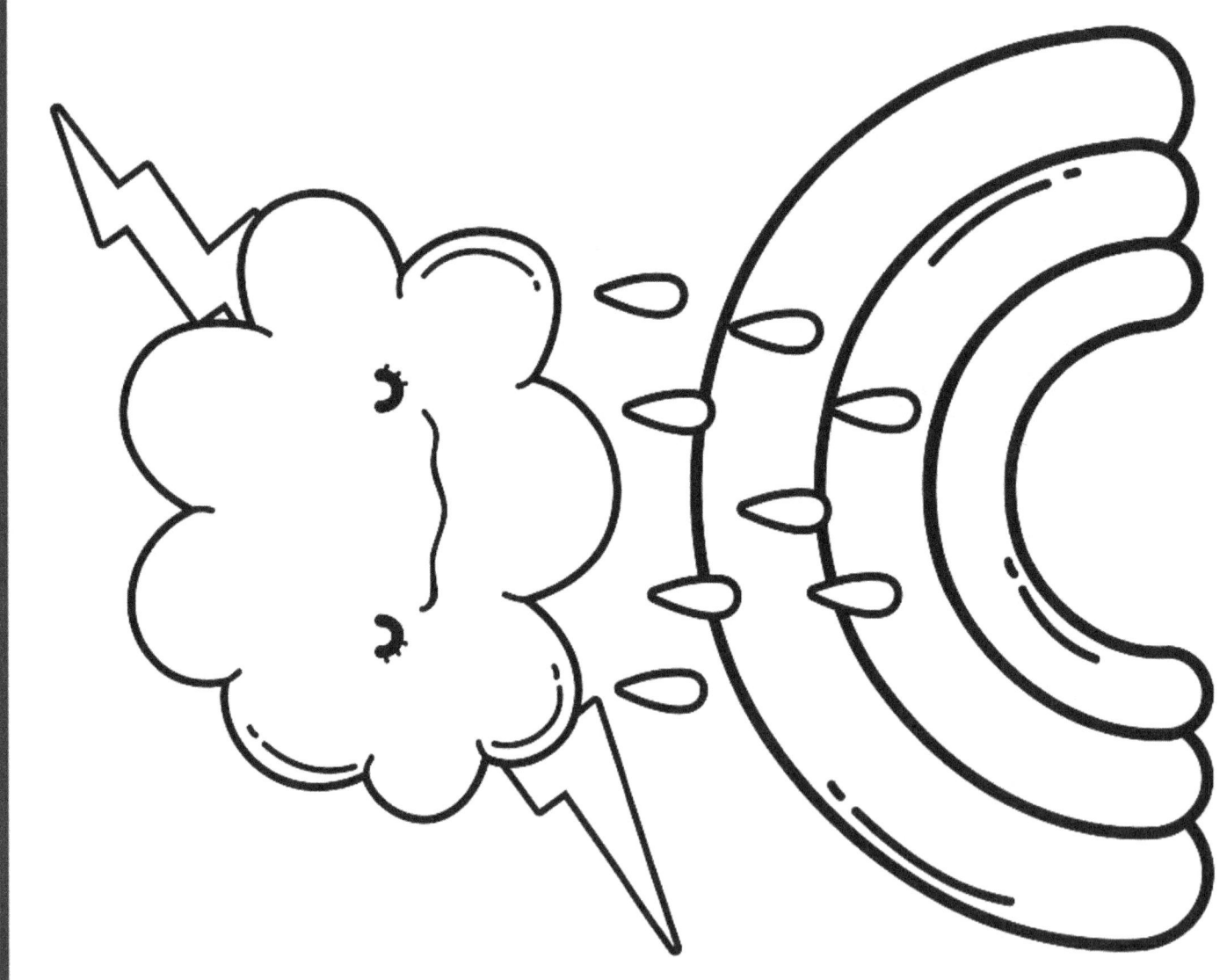

ARCOBALENO LIBRO DA COLORARE

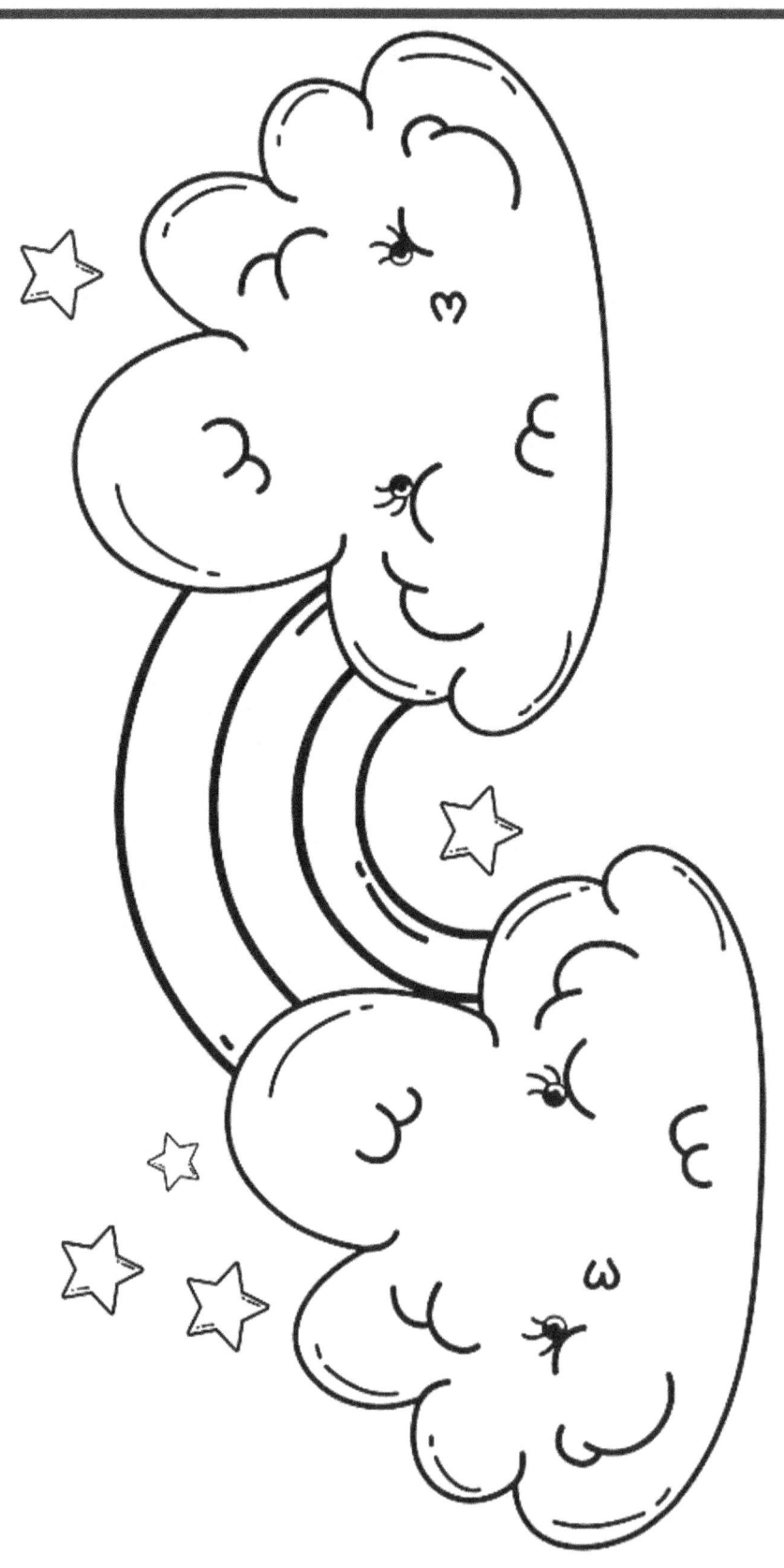